KB268058

인생이 바뀌는 고1의 시간

인생이 바뀌는 고1의 시간

인생이 바뀌는 고1의 시간

초판발행일 | 2026년 2월 25일

지 은 이 | 조형근
펴 낸 이 | 배수현
디 자 인 | 강경진
홍   보 | 배예영
물   류 | 이슬기
문   의 | 안미경

펴 낸 곳 | 가나북스 www.gnbooks.co.kr
출 판 등 록 | 제393-2009-000012호
전   화 | 031) 959-8833(代)
팩   스 | 031) 959-8834

ISBN 979-11-6446-145-5 (03370)

※ 가격은 뒤표지에 있습니다.
※ 잘못된 책은 구입하신 곳에서 교환해 드립니다.

인생이 바뀌는 고1의 시간

조 형근 지음

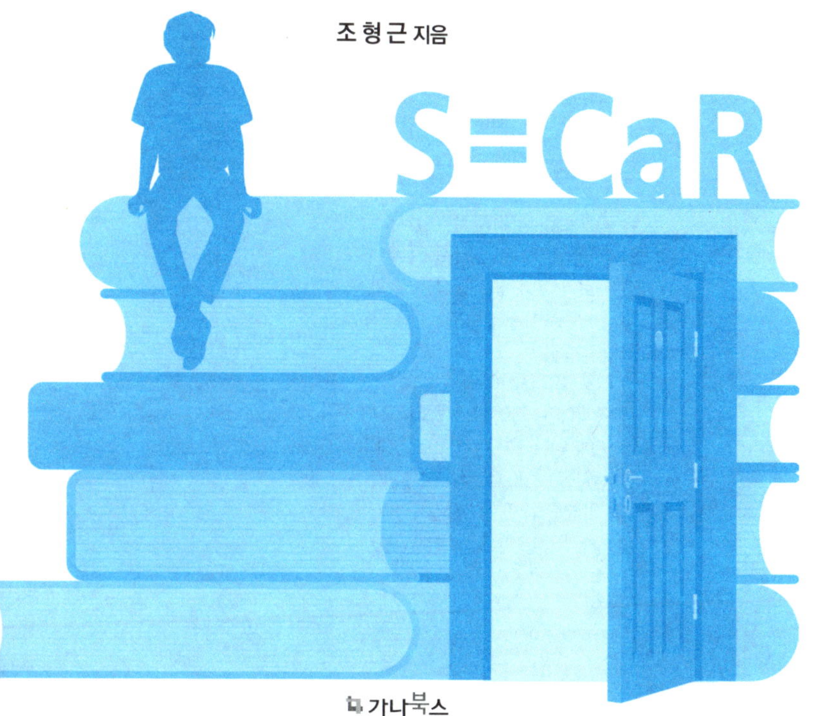

가나북스

열일곱이 되었다, 프로게이머가 되고 싶었다. TV에 나오는 선수들이 부러웠다. 그들처럼 게임하면서 돈을 벌고 싶었다. 본격적으로 게임에 몰두했고 방과 후엔 PC방으로 직행했다. 나보다 잘하는 사람에겐 한 판 더 하자고 졸랐다. 동네에서 열리는 대회, 각종 온라인 대회, 대회란 대회는 가리지 않고 참가 신청서를 제출했다.

열여덟이 되었다. 프로게이머가 되었다. 경기가 있는 날엔 부산에서 서울로 향했다. 경기가 끝나면 심야버스를 탔다. 버스에서 쪽잠을 자고 부산에 도착해서 학교에 갔다. 피곤했지만 발걸음은 가벼웠다.

게임 실력이 오르는 만큼 학업 성적은 떨어졌다. 반에서 중간은 했는데 어느새 하위권이 되었다. 프로게이머가 됐으니 성적에 연연하지 않았다. 게임에 매진하면 매진할수록 성적은 떨어졌다. 공부는 내 길이 아니라고 생각했다. 다른 선수들처럼 얼른 자퇴하고 마우스와 키보드를 두드리고 싶었다.

열아홉이 되었다. 프로게이머라도 수험 생활의 굴레에서 벗어날 순 없었다. 3월에 열린 전국 대회 예선에서 탈락했다. 예선을 통과하면 게임에 전념하고 예선에서 탈락하면 수능을 보겠다고 부모님과 약속했었다. 열아홉 봄, 세상에서 가장 싫은 공부와 정면으로 마주했다.

마흔이 되었다. 프로게이머를 그만둔 지 15년이 지났다. 이제 게임을 하면 손목이 얼얼하고 해설 없이는 경기를 이해하기 힘들다. 게임에 미쳤던 열일곱은 게임을 모르는 마흔이 되어 평범한 삶을 산다. 결혼을 하고 자녀를 가지고 직장에 다닌다. 게임밖에 모르던 나는 게임과 전혀 상관없는, 그렇지만 남부럽지 않은 삶을 산다. 이유는 명확하다. 열아홉에 공부했기 때문이다.

흩날리는 벚꽃을 보지도 못했고, 모니터 안쪽 세상만 바라봤던 나. 하지만 게임은 공부였고 공부는 게임이었다. 눈에 힘을 주고 시간을 들이면 그 시간에 비례해서 실력이 올랐다. 하위권에서 중위권으로, 중위권에서 상위권으로, 레벨이 오르듯 등수가 올랐다. 마치 거울을 비추는 것처럼 공부에 전념한 시간은 그대로 성적표로 돌아왔다. 심각하게 자퇴를 고려했던 열아홉의 나는 스물이 되어 캠퍼스에서 벚꽃을 만끽했다.

고등학생 시절, 그때는 왜 그리 공부가 하기 싫었을까. 왜 공부는 재미없었던 걸까. 공부해야 하는 분위기가 싫었던 걸까. 잔소리하는 부모님에게 반항하고 싶었던 걸까. 프로게이머가 되면 평생 먹고 살 수 있을 거라고 생각한 걸까. 미래에 대한 고민을 하긴 했던 걸까.

내가 그랬던 것처럼, 비슷한 고민을 하고 있을 열일곱에게 이 책을 권한다. 만약 여러분이 이 중에 하나라도 해당한다면 굳이 시간을 내서 책을 읽을 필요는 없다.

1. 백분위 성적이 2등급 이상이다.
2. 공부하는 게 즐겁다.
3. 공부해야 하는 이유를 알고 있다.
4. 성적표를 받는 날이 기다려진다.
5. 수업시간이 되면 잠이 깬다.

하지만 만약 여러분이 이 중에 하나라도 해당한다면 책을 읽는 게 도움이 될 것이다.

1. 백분위 성적 4등급 이하다.

2. 공부가 싫다.

3. 공부해야 하는 이유를 모르겠다.

4. 성적표를 받는 날이 두렵다.

5. 수업시간만 되면 잠이 쏟아진다.

다른 건 몰라도 이것 하나는 확실하다. 게임이든 공부든 또 다른 무엇이든 올바른 방법으로 꾸준히 실천하면 반드시 지금보다 나아진다는 것이다. 오히려 게임보다 공부에서 두각을 나타내는 게 더 쉽다. 게임을 하고 싶어 하는 사람은 많지만 공부를 하고 싶어 하는 사람은 별로 없기 때문이다. 이것이 의미하는 바는 명백하다. 마음을 다잡고 공부하기 시작하면 눈 깜짝할 사이에 실력이 오른다는 것. 하기 어렵고 하기 귀찮고 하기 싫어서 나아지지 않는 것이지 하기 시작하면 반드시 나아진다.

이 책은 공부법을 알려주는 책이 아니다. 공부의 달인은 주위에 널렸다. 마음만 먹으면 클릭 몇 번으로 일타강사의 강의를 들을 수 있는 시대 아닌가. 공부법보다 중요한 것은 공부하겠다는 마음가짐과 행동이다. 어떤 공식을 이용해서 문제를 풀어야 하고 어떻게 단어를 암기해야 하는지는 나중 이야기다.

공부뿐만이 아니다. 춤이든 노래든 운동이든 대인관계든 그 무엇이든 가장 중요한 것은 마음가짐과 행동이다. 궤도에 오르면 누가 시키지 않아도 알아서 시행착오를 겪고 최선의 방법을 찾는다. 필요한 건 단 하나다. **"지금보다 나아지겠다."는 마음가짐과 "어떤 상황에서도 꾸준히 실천하는" 행동.**

여러분의 가능성은 무궁무진하다. 빈말이 아니다. 생각이 행동을 바꾸고 행동이 미래를 바꾼다. 감히 장담한다. 이 책을 읽는 데 두 시간이 걸리지 않을 것이다. 하지만 책을 읽는 두 시간이 앞으로의 삶을 바꿀 것이다. 누구보다 공부를 싫어하고 게임을 좋아했던 내 인생 노하우를 담았다. 속는 셈 치고 읽어보라. 무엇보다 중요한 것을 알게 될 것이다.

Go!

언제든지 적용할 수 있는 인생 공식, S=CaR

이차방정식을 풀 땐 근의 공식을 사용한다. 직각삼각형의 변 길이를 구할 땐 피타고라스의 정리를 이용한다. 상황에 맞는 공식을 적절하게 활용하는 것이 문제 풀이의 핵심이다. 그렇다면 수학이 아니라 인생에도 적용할 수 있는 공식이 있을까. 다행히 있다. 근의 공식을 쓰면 이차방정식을 풀 수 있는 것처럼 이 공식을 쓰면 원하는 대로 삶을 풀어나갈 수 있다. 10대의 최대 난제인 수능을 넘어 30, 40대 인생에 걸쳐 마주하는 모든 상황에 적용할 수 있는 삶의 법칙. 이것을 외우고 삶에 적용하는 순간 수능 성적은 물론이고 앞으로의 인생이 달라질 것이다. 좋은 성적을 거두고 좋은 사람이 되어 좋은 사회를 만드는 데 기여하고 싶다면 이 공식을 기억하라.

"S=CaR"

S는 Success의 첫 글자로, 성공이다. 발전, 성취, 성장, 출세, 성과, 입신, 성숙 등 어제보다 나아진 나를 뜻한다. C는 Challenge의 첫 글자로, 도전이다. 열망, 절실함, 갈증, 간절함, 의지, 욕망, 향상심 등 마음의 힘을 가리킨다. a는 action의 첫 글자로, 실천이다. 계획, 실행, 행동, 민첩한 움직임을 의미한다. R은 Repetition의 첫 글자로, 반복이다. 루틴, 습관처럼 실천을 반복해서 체화하는 것을 나타낸다.

S=CaR 공식을 따르면 누구나 성공할 수 있다. 거꾸로 말해 이 공식을 따르지 않고 성공하는 사람은 없다. 스티브 잡스, 마커 주크버그, 일론 머스크, 오타니 쇼헤이, 손흥민, BTS 성공한 사람들은 모두 이 공식을 따랐다. 나는 이 공식을 바탕으로 열여덟에 프로게이머가 되었다. 고3때는 기하급수적으로 성적을 올렸다, 대학교 2학년 때는 기업의 장학생이 되어 취업을 확정지었다. 독학으로 일본어, 중국어 자격증을 취득했다. 대기업에 입사했고 책을 출판했다.

성공은 도전과 실천, 반복의 곱이다. 춤, 운동, 게임, 노래, 발표, 독서 등 어떤 분야, 어떤 대상에도 적용할 수 있는 만능 공식이며 당연히 공부에도 적용할 수 있다. 학창시절뿐만 아니라 성인이 되어서도 S=CaR을 염두에 둔다면 매일 나아지게 된다. 그저 공식대로 행동했을 뿐인데 매순간마다 삶에 혁명이 시작되는 것이다.

단, 여기서 말하는 성공은 전교 1등이 되거나 서울대에 입학하는 것처럼 거창한 성공이 아니다. 어제는 풀지 못했던 문제를 오늘 풀게 되는 것, 쉬는 시간 말미에 다음 수업을 준비하게 되는 것, 공부하는 내 모습에 희열을 느끼는 것. 작지만 긍정적인 변화 하나하나가 모두 성공이다. 내가 보낸 하루에 보람을 느끼고 얼른 내일이 다가오길 바라고 하루하루 나아지는 것에 벅차오르는 것. 일련의 작은 변화가 모두 성공이다.

마음속에 S=CaR 심기

S=CaR을 자세히 들여다보자. 도전정신이 충만해도 (C=100) 행동하지 않으면 (a=0) 성공할 수 없다. (a가 0이므로 S=0이다) 해야지, 해야지 노래만 부르면서 실제로 행동하지 않는 사람, 우리는 이런 사람을 "허언증 환자"라고 부른다. 또 다른 경우를 보자. 발전하려는 의지가 없는 상태에선 (C=0) 실천과 반복을 해도 (a=100, R=100) 아무런 도움이 되지 않

는다. (C가 0이므로 S=0이다) 반드시 외우겠다는 의지 없이 영어단어를 100번 적어봤자 시간이 지나면 금방 잊어버리고 만다. 우리는 이를 "시간 낭비"이라고 부른다. 또 다른 예를 보자. 공부하기 위해 동기부여 영상을 시청하고 열정이 불타올라 (C=100) 책을 펼친들 (a=100) 반복하지 않으면 (R=0) 말짱 도루묵이다. (R이 0이므로 S=0이다) 우리는 이런 사람을 "일회성 행동가"라고 부른다. C, a, R에서 하나만 빠져도 어제보다 나은 내일, 즉 성공을 꿈꿀 수 없다. C, a, R 세 가지 요소를 모두 고르게 키워나가야 한다.

"S=CaR" 앞으로 이것만 기억하라. S=CaR은 책의 핵심 메시지이자 어떤 분야에서도 적용할 수 있는 만능 해결책이다. 앞으로 어디에서 무엇을 하든 S=CaR을 떠올리면 무엇이 부족한지, 무엇을 보완해야 하는지 금세 답을 찾을 수 있을 것이다.

S=CaR을 공부에 대입하면

공부도 S=CaR이다. 성적을 올려서 좋은 대학에 입학하는 게 목표(S)라면 목표를 달성하기 위해 CaR을 키워라. C, a, R 세 가지 요소 모두 중요하지만 먼저 염두에 둬야 하는 것은 C

다. 일단 **마음이 움직여야 행동으로 연결되고 행동해야 변화가 시작되기 때문이다.** 공부해야 하는 이유를 찾고, 원하는 성적을 받고야 말겠다는 간절함을 갖고, 집중력을 잃지 않겠다고 다짐하는 것은 모두 C를 키운다.

성적은 마음가짐과 행동에 달려있다. 눈을 감고 있으면 앞이 보이지 않고 귀를 닫고 있으면 소리가 들리지 않는다. 눈과 귀를 막으면 일타 강사의 강의를 보고 들어도 성적이 오르지 않는다. 받아들일 자세가 되어 있지 않은 상태에서 제공받는 주입식 교육은 머릿속에 주입되지 않는다. 반대로 받아들일 자세가 되어 있으면 스쳐지나가는 순간에서도 깨달음을 얻을 수 있다. C를 키울 수 있는 사람은 나밖에 없다. 다른 사람의 조언은 그저 한순간 머물다 가는 민들레 씨앗에 지나지 않는다. 바람이 불면 금방 허공에 날아가 버리고 마는 민들레 씨. 도전과 열망이라는 토양에 뿌리를 내리고 물을 줄 수 있는 것은 오로지 나뿐이다.

공부해야겠다고 다짐했다면 진짜로 공부를 시작하라. 생각만 하고 행동에 옮기지 않으면 아무것도 바뀌지 않는다. 행동하는 사람이 세상을 지배하고 행복을 누릴 자격을 갖춘다. 실천했다면 반복하라. 지겹도록 반복하라. 머리를 굴리면서 반복하라. 아무 생각 없이 공부하지 말고 생각하면서 공부하라. '내가 지금 제대로 하고 있는 걸까, 이 방법이 최선인가' 재차 궁리하면서 머리와 몸을 함께 움직여라.

S가 S의 크기를 키운다

하루하루 CaR을 적용하면 S는 알아서 따라온다. 정신이 맑아지고 몸이 개운해지고 성적이 오른다. 다시 한 번 강조하지만 S는 대단한 성공이 아니다. 어제보다 1그램 나아지는 게 성공이다. 1그램이 모여 1킬로그램, 1톤이 된다.

맛있는 반찬이 있으면 계속 젓가락질을 하게 되는 것처럼 성취의 맛을 알게 되면 끊임없이 성취하고 싶어진다. S가 S를 불러온다. 이게 성장의 묘미다. 게임을 잘하게 되면 게임이 재밌어지고 공부를 잘하게 되면 공부가 재밌어진다. 뭔가에 홀린 것처럼 날마다 공부하고 싶어진다. 높아진 S는 다시 더 수준 높은 CaR을 유발하고 양질의 CaR은 S를 더욱 크게 만든다. 날마다 성장하는 재미에 빠지게 되니 S, C, a, R 네 가지 요소가 서로 긍정적인 영향을 미치는, 고도로 몰입하게 되는 시점이 온다. 무아지경, 시간이 가는 줄도 모르고 대상에 빠져들게

된다. 그렇게 S는 처음의 목표보다 더 큰 S로 발전한다. 우리
가 추구해야 할 목표는 점진적으로 CaR과 S의 값을 키우는 것
이다. '이렇게 부족한 나도 성공할 수 있을까?' 물론이다. 지금
부터 S=CaR을 키워드 삼아 열일곱의 성공을 넘어 인생의 성
공을 이끄는 방법을 알아보자.

1장

Challenge,
진짜로 중요한 것은
교과서에 없다

1) 황금빛 하루

삶에서 중요하지 않은 순간이 있을까. 하루 24시간은 매순간 귀중하다. 걸음마를 떼는 1살 아기에게도, 도서관에서 공부하는 스물 청춘에게도, 새벽에 현관을 나서는 마흔 가장에게도, 황혼을 앞둔 일흔 노인에게도 지금 이 순간은 소중하다.

그렇다. 모든 순간은 귀중하다. 하지만 열일곱은 유난히 특별한 의미를 지닌다. 법적으로 성인이 되는 순간이 스물이라면 정서적으로 성인이 되는 순간이 열일곱이기 때문이다. 열일곱 지금 이 순간, 무엇을 어떻게 하느냐에 따라 앞으로의 모습이 크게 바뀌기 시작한다.

열여섯과 열일곱의 차이

열일곱이 되면 더 이상 남이 시키는 대로 행동하지 않게 된다. 초등학생 때는 부모님과 선생님이 알려주는 대로 움직인다. 입혀주는 옷을 입고 챙겨주는 준비물을 들고 가라는 곳으로 갔다. 정해주는 학원을 돌고 읽으라는 책을 읽었다. 어쩔 수 없다. 스스로 판단하고 행동하기에는 육체와 정신 모두 미숙했으니까.

중학생 때는 과도기다. 주도권이 부모에게서 내게로 서서히 넘어온다. 나를 여전히 어린 아이 취급하는 부모와 스스로 모든 것을 할 수 있다고 생각하는 내가 시시각각 부딪친다. 사춘기. 스스로를 일부러 고립시키면서 독립심을 기른다.

중학교를 졸업하면 과도기는 끝난다. 열일곱이 되면서 관계의 주도권이 부모에게서 내게로 넘어온다. 사회가 돌아가는 방식도 어느 정도 알게 되고 좋아도 싫은 척, 싫어도 좋은 척 하는 법을 본능적으로 익힌다.

열일곱이 무엇보다 중요한 이유는 스스로 생각하고 행동하게 되는 시점이기 때문이다. 열일곱부터는 납득하지 않으면 몸과 마음이 움직이지 않는다. 초등학생 땐 하기 싫어도 숙제를 했지만 이제 책을 펼쳐도 딴 생각이 난다. 좋아하는 일은 누가 시키지 않아도 나서서 하지만 싫어하는 일은 도움이 되는 일이어도 실천하지 않는다. 필요한 일이 아니면 그 일에 집중하지 못한다.

나를 납득시켜라

열일곱부터는 내가 나를 납득시켜야 한다. 공부해야 하는 이유를 찾지 못하면 공부에 집중할 수 없다. 일찍 일어나야 하는 이유를 납득하지 못하면 일찍 일어나지 못한다. 억지로 책상에 앉아있어도 초점이 흐릿하다. 눈앞에서 무슨 일이 벌어지고 있는지 선명하게 보이지 않는다. 눈과 귀가 서서히 닫히고 꾸벅꾸벅 존다. 누구에게나 벌어지는 일이다. 그런데 이 사실을 뒤집으면 깜짝 놀랄 만한 일이 벌어진다. 공부를 해야 하는 이유를 납득하고 자신의 믿음에 확신이 생기면 누가 시키지 않아도 책을 펼치게 된다. 아침에 벌떡 일어나고 길을 걸으면서도 공부를 생각하게 된다. 수업이 시작되면 오히려 잠이 깬다. 공부가 미래를 바꾸고 공부가 나를 성장시킨다는 사실을 받아들였기 때문이다.

공부를 잘하고 싶으면 무엇부터 해야 할까. 유명한 강사가 있는 학원을 찾아서 수강료를 내는 게 우선일까. 아니다. **공부를 해야 하는 이유를 찾고 나를 납득시켜야 한다.** 부모가 시키니까 공부하고, 친구들이 공부하니까 공부하고, 왠지 해야 할 것 같으니까 공부하는 식으로는 공부를 잘할 수 없다. 어영부영 눈치를 보면서 귀중한 시간만 때우게 될 가능성이 농후하다.

열일곱은 정서적으로 독립하는 시기라고 밝혔다. "내가 알아서 할게. 잔소리 좀 그만해."라고 부모님에게 말만 할 게 진짜로 알아서 해야 한다. 공부해야 하는 이유를 찾는 데 심혈을 기울이자. 열일곱 1년을 모두 사용해도 좋다. 끈질기게 내면의 목소리에 귀를 기울여라. 다른 사람이 만들어낸 가짜 이유에 수긍하지 말고 스스로 이유를 찾아내서 마음속 깊이 체화시켜라. 보물과도 같은 열일곱의 하루하루, 공부해야 하는 이유를 찾는 데 모조리 투자하라. 이유를 찾지 못하면 제자리걸음밖에 못하지만 이유를 찾는 순간 앞으로 나아가게 되니까.

2) 현재와 미래의 접촉

공부해야 하는 이유는 어떻게 찾을 수 있을까. 쉽고 효과적인 방법이 있다. 바로 현재와 미래를 연결시키는 것이다. 미래에 되고 싶은 모습을 떠올리고, 이를 실현하기 위해 무엇을 해야 할지 곰곰이 생각하는 것이다. 예를 들어 건축가가 되고 싶다고 하자. 건축가가 되려면 건축학과에 진학해야 하고 건축학과에 진학하려면 그에 맞는 소양을 갖춰야 한다. 그럼 수학 공부는 단순히 문제를 푸는 게 아니라 기초지식을 쌓는 과정이 되고 영어 공부는 그냥 단어 암기가 아니라 국제무대에서 활약하기 위한 학습 과정이 된다. 사회, 과학도 마찬가지다. 다양한 시각으로 건축물을 관조하고 현실적인 구조를 검토하기 위해서 배우는 것이다. 결국 지금의 공부는 전부 미래와 연결되는 과정이다. 미래에 되고 싶은 모습과 지금 공부해야 하는 이유를 연결시키면 그럴듯한 동기부여가 된다.

여기서 문제가 있다. 열일곱에는 훗날 무엇을 하고 싶은지 정확히 알기 어렵다. 만약 명확한 목표가 있다면 금상첨화다.

하지만 '안정적인 직장에 다니겠다. 돈을 많이 벌고 좋은 배우자를 만나겠다.' 이런 추상적인 생각을 하면 앞으로 무엇을 해야 하는지 두루뭉술해진다. 건축가처럼 확실한 꿈이 있으면 좋지만 열일곱에 구체적인 미래를 상상하기란 쉽지 않다.

성적표는 나의 거울

두 번째 방법을 소개한다. 훗날 뭘 할진 모르지만 학업 성적이 앞으로 도움이 되리라고 여기는 것이다. 물론 우수한 학업 성적이 더 나은 미래로 이어진다고 장담할 수는 없지만 긍정적으로 작용할 확률은 높다. 학벌보다 능력, 껍데기보다 콘텐츠가 중요한 시대지만 같은 값이면 다홍치마다. 여전히 **학업 성적이 우수하고 학벌 좋은 사람이 사회에서 유리한 고지를 차지한다.** 사람들은 학벌을 보고 그 사람의 학창시절을 가늠한다. 얼마나 똑똑하고 성실한지 평가한다. 평생직장은 없다. 지금은 생각지도 못한 일을 미래에 하게 된다. 그럴 때마다 학업 성적은 나를 객관적으로 설명하는 자료가 된다. 지금까지 받아온 성적이 내가 어떻게 살아왔는지 드러낸다. 그때를 대비해서 공부하는 것이다.

세 번째 방법은 열심히 하려는 자세와 태도가 미래를 바꾼다고 생각하는 것이다. 두 번째 방법과 비슷하지만 외부가 아니라 내면에 초점을 맞추는 게 차이점이다. 한 분야에서 최선을 다한 경험은 어떤 분야에서든 그대로 써먹을 수 있다. 자기의 영역에서 두각을 나타낸 스포츠 선수가 다른 분야에서도 승승장구하는 이유는 성공하는 법을 알기 때문이다. 애플의 창업주 스티브 잡스는 조언했다. 점들을 연결하라고. 지금 이 순간은 하나의 점이지만 점들이 모여 세상에 없는 콘텐츠를 만들어내는 단초가 된다.

공부는 힘들다. 우등생이든 열등생이든 누구나 공부하기 싫고 힘든 건 매한가지다. 좋은 성적을 거두는 이들은 단지 약간 더 참고 견딘다. 그리고 남들보다 조금 더 과정을 즐긴다. 주어진 환경에서 긍정적인 요소를 찾고 최선의 결과물을 만들어내려는 자세는 훗날 어떤 일을 하든지 유리하게 작용한다. 문제를 해결하기 위해 끈기를 갖고 탐구하며 실패하더라도 다시 도전하려는 의지는 한순간에 길러지지 않는다. 학창시절 공부라는 매개체를 통해 삶의 자세와 태도가 서서히 구축되는 것이다. 조금만 힘들어도 눈을 감고 엎드리는 학생과 누가 이기는지 해보자며 눈을 부릅뜨고 공부하는 학생. 둘 중에 누가 더 나은 사람이 될까. 누가 더 문제해결에 능하고 해박한 지식을 갖추게 될까.

이정표가 보이는 길

게임에 빠진 열일곱, 나는 공부해야 하는 이유를 찾지 못했다. 솔직히 말하면 찾을 생각도 없었다. 심하게 말해 아무 생각도 하지 않았다. 다들 공부하니까 공부해야 할 것 같아서 책을 펼쳤다. 미래를 상상하기는커녕 적당히 숙제를 끝내고 게임할 궁리만 했다. 공부해야 하는 이유는 생각하지 않았다. 부모님이 하라고 하니까, 친구들이 하니까, 공부하는 시늉을 했다. 공부해야 하는 이유? 만약 누가 공부하는 이유가 무엇이냐고 물어봤다면 비웃었을 것 같다. 무슨 그런 쓸데없는 걸 물어보냐고.

하지만 행동의 목적을 아는 것과 모르는 것은 천지차이다. 이는 이정표를 바라보며 목적지에 향하는 것과 눈을 가리고 목적지에 향하는 것과 같은 차이다. 어디로, 왜 가야 하는지 아는 사람은 생각과 행동이 뚜렷하다. 유혹에 넘어가지 않고 뚜벅뚜벅 갈 길을 간다. 반대로 어디로, 왜 가야 하는지 모르는 사람은 갈팡질팡한다. 끊임없이 한탄하고 한숨 쉬며 귀중한 시간을 낭비한다. 제 길을 찾아가면 그나마 다행이지만 잘못된 길로 향하면 돌이킬 수 없는 상황을 맞이할지도 모른다. **우리가 추구해야 할 것은 명백하다. 헤매지 않고 직선으로 나아가는 것이다.** 직선으로 나아가려면 그 일을 해야 하는 이유, 어떻게 하면 더 잘할 수 있는지 끊임없이 고민해야 한다. 고민 끝에 이정표가 보이기 시작한다.

3) 선명한 이정표

　초등학교 6년, 중학교 3년. 9년 동안 공부했다. 지금까지 다닌 학원만 해도 셀 수 없을 정도다. 그런데 고등학교 3년간 또 공부해야 한다. 학생의 본업은 공부라지만 이건 선을 넘은 것 아닌가. 고등학교를 졸업하면 끝일까? 안타깝지만 아니다. 대학교에서는 더 치열하게 공부해야 한다. 당장 취업이 달려있기에 대충 공부할 수 없다. 대학생도 학생이니까 그렇다고 치자. 하지만 여기서 끝이 아니다. 취직하면 일하는 방법을 공부해야 하고 퇴직한 뒤엔 뭐라도 하기 위해 공부해야 한다. 공부는 삶의 일부다. 학창시절뿐만 아니라 평생 해야 하는 업이다. 학생일 때는 단지 공부만 해도 될 뿐이다. 거짓말 좀 보태서 우리는 공부해야 하는 숙명을 지고 태어난 거나 마찬가지다.

타인주도학습을 자기주도학습으로

　열일곱에 해야 하는 일 중에서 가장 중요한 것은 공부해야 하는 이유를 찾는 것이다. 고개를 끄덕일 수 있을 만큼 명확할

수록 좋다. 아무리 번지르르한 이유라도 스스로 받아들이지 못하면 소용이 없다. 그리고 뭔가를 왜 해야 하는지 찾아내는 작업은 학창시절에만 하고 말 일이 아니다. 지금 공부해야 하는 이유를 찾아내는 일은 성인이 된 이후에도 무엇을 해야 하는지 찾는 일과 연결된다.

저명한 교수, 일선의 교사, 일타 강사는 입을 모아 말한다. 자기주도학습을 하라고. 자기주도학습이라는 여섯 음절 한자 말. 왠지 뭔가 그럴듯한 공부법처럼 느껴진다. 사실 별거 없다. 왜 공부해야 하는지 알고, 무엇을 공부해야 하는지 알고, 집중해서 공부하는 게 자기주도학습이다. 쉽게 말해 스스로 공부할 거리를 찾아서 공부하는 것을 의미한다. 누가 시켜서 공부하는 게 아니라 스스로 공부하는 것이다. 결국 제대로 자기주도학습을 하려면 공부해야 하는 이유를 찾아야 한다.

자기주도학습을 강조하는 교육계의 분위기를 역으로 진단해보면 얼마나 많은 학생들이 타인주도학습을 하고 있는지 짐작할 수 있다. 그만큼 스스로 공부하는 학생이 적다. 선생님이 시키는 대로, 부모님의 권하는 대로, 친구가 조언대로 공부한다. 공부해서 남 주는 것도 아니고 오롯이 내 것이 되는데도 마지못해 공부한다.

　김영민 서울대 교수는 『공부란 무엇인가』에서 서술했다. "공부에는 두뇌와 체력에 못지않게 배우고자 하는 적극성 혹은 자발성이 중요하다. 똑같이 노력했어도 자발적인 자세로 공부에 임한 사람과 그러지 않은 사람간의 차이는 실로 크다. 먹어도 살이 잘 안 찌는 체질 같은 건 없을지 몰라도, 공부해도 지식이 잘 안 찌는 체질은 있다. 자발성이 장착되어 있지 않은 사람이 바로 그렇다. 아무리 지식을 퍼먹어도 머리에 많은 것이 남지 않고 다시 밖으로 빠져나간다."

　감히 단언한다. 스스로 공부해야 하는 이유만 찾아도 곧장 상위 10% 안에 들 거라고. 관건은 마음가짐이다. "스스로 해야 할 일을 찾아낸다." 말은 쉽지만 기성세대가 조성한 교육 환경에서 스스로 생각하기란 무척 어렵다. 꼭두새벽에 일어나서 학교를 가고 학원 버스에 몸을 싣고 달빛을 받으며 집에 도착하면 이미 녹초가 된다. 이런 상황에서 나를 돌아볼 여유를 가지라고? 말도 안 되는 소리다. 부모는 착각한다. 자기는 학생 때 뚜렷한 주관을 갖고 공부했으니 똑같이 하면 된다고 생각한다. 학창시절을 미화하고 자녀에게 책과 펜을 들이민다.

외부보다 내면

　나는 평범한 학생이었다. 다른 친구들처럼 하품하면서 등교했고 1교시가 시작될 때 남은 수업을 생각하며 한숨 쉬었다. 선생님이 설명을 시작하면 낙서를 했고 쉬는 시간엔 책상에 얼굴을 파묻었다. 야간자율학습은 자율이라는 이름하에 이루어지는 반자율 학습이었다. 가끔 공부해보겠다고 펜을 끼적였지만 다음날에 기억나는 내용은 없었다. 공부를 잘하지도 못하면서 집중하기는커녕 생각 없이 책장을 넘겼다. '왜 학교에 다니고 왜 공부해야 하는 걸까' 나를 돌아보지 않았다. 주어진 일과를 소화하기에도 벅찼다. 제3자가 보면 엄청 열심히 공부하는 것처럼 보였겠지만 눈을 뜨고 있을 뿐 아무것도 보지 않았다. 머릿속엔 게임 유닛만 아른거렸다.

　1평도 되지 않는 좁디좁은 책상에 갇혀야 하는 이유에 대해 한 번이라도 고민해본 적 있는가. 부모님은 소파에 누워서 히죽거리는데 나만 방에 틀어박혀 책을 펼치는 게 불공평하다고 생각한 적 없는가. 먹고 자는 시간을 제외하고 공부해야 하는 현실이 서글프진 않은가. 한창 창창한 나이에 왜 공부만 해야 하는지 곱씹어본 적 있는가.

불평해도 좋다. 한탄해도 좋다. 왜 이런 처지에 놓여야 하는지 치열하게 고민하라. 주어진 옷, 주어진 가방, 주어진 환경에 순응하지 말고 왜 이렇게 되었는지 생각하라. 이제 바깥이 아니라 안을 들여다볼 때다. **외부가 아닌 내면을 응시하라.** 어떻게 하면 지금 이 상황을 바꿀 수 있는지 생각하는 거다. 시험지를 받고 1번 문제를 보듯이 필사적으로.

남이 껍질을 깨면 프라이가 되고 내가 껍질을 깨면 병아리가 된다. 남이 아무리 좋은 생각을 전달한들 스스로 생각하지 못하면 부화할 수 없다. 의자에 앉아서 책을 보는 게 중요한 게 아니다. 의자에 앉아야 하는 이유를 먼저 찾아야 한다. 공부해야 하는 이유를 모른 채 책을 쳐다볼 바에는 창밖을 바라보라. 흘러가는 구름을 보며 왜 공부해야 하는지 생각하라.

4) 자기계발 원탑

나는 몰랐다. 왜 공부해야 하는지. 좋은 성적을 받고 좋은 대학에 가면 뭔가 유리할 거라는 막연한 기대뿐이었다. 공부해야 하는 이유를 찾으라고? 딴 나라 이야기였다. 내가 공부해야 하는 이유를 깨달은 시점은 열일곱이 아닌 서른셋, 첫 번째 책『프로게이머를 꿈꾸는 청소년들에게』를 쓰면서부터다. 수능을 준비할 때도, 취업을 준비할 때도 공부는 목적이 아니라 수단이었다. 높은 점수를 받기 위해, 대기업에 들어가기 위해 공부했다.

공부해야 하는 이유를 깨달은 순간

서른셋, 글쓰기를 시작했다. 글쓰기는 어렵지만 재밌었다. 어떻게 하면 좋은 글을 쓸 수 있을까 궁리했다. 유명 작가의 글을 참고하고 썼던 글을 다시 고쳐 썼다. 투박했던 글이 매끄러워지고 어설픈 문장이 자연스러워졌다. 나아짐을 느꼈다. 글쓰기에 자기주도학습이 있었다.

글쓰기는 현재의 눈으로 과거를 들여다보는 일이다. 글을 쓸 때마다 10대의 나와 수시로 마주했다. 만약 글을 쓰는 것처럼 공부에 만족을 느꼈으면 얼마나 좋았을까. 그랬으면 학창시절이 조금 더 즐겁지 않았을까. 틀리지 않으려 전전긍긍하는 게 아니라 모르는 것을 알기 위해 공부했다면 어땠을까. 하루하루 나아지는 과정에서 성취를 느끼지 않았을까. 그렇게 과거와 현재를 두리번거리다 보니 지금까지 수단이라고만 생각했던 공부가 다르게 다가오기 시작했다. 공부는 목표를 달성하기 위한 수단이기도 하지만 행동 그 자체로 성취를 느낄 수 있는 자기계발이라고.

고등학생에게 당면한 지상최대과제는 좋은 성적을 거두고 좋은 대학에 들어가는 것이다. 다른 말로 포장할 필요 없다. 그래서 우리는 찬란한 청춘을 공부에 바친다. 부모와 교사 역시 여러분이 얼마나 좋은 성적을 거두느냐에 초점을 맞추고 있다. 무엇을 배웠는지가 아니라 몇 점을 받았는지가 중요하다. 숨막히는 분위기 속에서 공부의 목적을 생각하기란 쉽지 않다. 모르는 것을 알게 되는 즐거움은 잠시일 뿐, 틀리면 안 되는 냉혹한 현실이 공부를 목적이 아닌 수단으로 만들어버린다.

삶의 목적은 성적이 아니라 행복이다

유영만 한양대 교수는 『공부는 망치다』에서 말했다. "공부가 수단이 되면 즐거움이 사라질 수 있다. 행복이 목적지에 있지 않고 목적지로 가는 동안 지나는 수많은 간이역에 존재하듯이 공부도 목적지에 도달하기 위한 사투가 아니라 목적지에 이르는 여정에서 즐겁고 신나게 노는 가운데 깨달음을 얻는 놀이다."

삶의 목적은 성적표가 아니다. 우리가 추구해야 하는 것은 행복이다. 하고 싶은 것을 하고 만나고 싶은 사람을 만나고 기꺼이 행복해지는 것이 진정한 삶의 목적이다. 그런 삶을 사는 데 좋은 성적이 도움이 될 뿐이지 좋은 성적을 받는 게 삶의 목적은 아니다.

목적과 수단을 혼동하지 말자. 좋은 대학에 들어가기 위해 공부하는 게 아니라 공부에 전념했더니 좋은 대학에 들어가는 거다. 닭이 먼저냐 달걀이 먼저냐, 결국 같은 말 아니냐 싶겠지만 생각의 차이가 행동을 차이를 만든다. 결과가 아니라 과정에 집중하라. 성적표를 받는 순간이 아니라 책을 들여다보고 있는 순간에 성취를 느껴라. 고등학교를 졸업한다고 공부는 끝나지 않는다. 대학에 입학하고 즐거워할 시간은 기껏해야 몇 개월이다. 성인이 되면 공부하라고 채근하는 사람도 없다. 공부 그 자체에서 만족을 느끼지 못하면 지속하지 못한다.

몇 점을 받았느냐가 아니라 몇 점짜리 하루를 보냈느냐에 초점을 맞추자. 과정이 만족스러우면 결과는 알아서 따라온다. 어떻게 하면 과정에 만족할 수 있을까. 그것을 스스로 찾아내는 것이 열일곱에 해야 할 과제다.

5) 대기업에서 가장 먼저 배운 것

대학교에서 기계공학을 전공했다. 4년간 기계공학을 공부하고 자동차 회사에 입사했다. 값싸고 튼튼한 도어를 만드는 부서로 배치됐다. 교실에서 배운 공학 이론을 현실에 적용할 일은 거의 없었다. 문제를 해결하는 방법은 강의노트가 아니라 현장에 있었다. 사무실에선 간단한 문제도 해결하기 어려웠지만 현장에선 골치 아픈 문제도 쉽게 풀렸다. 서로의 이견을 조율하면서 시행착오를 거치는 게 핵심이었다. 자동차를 개발하는 데 근의 공식이 끼어들 틈은 없었다.

단언한다. 학창시절에 배운 것을 사회에서 그대로 적용하는 경우는 거의 없다. 사무실에서 문학 지문을 들여다볼 일도 없고 공장에서 미적분 기호를 그릴 일도 없다. 영어는 잘하면 유리하지만 영어를 못해도 일하는 데 지장 없다. 국영수뿐만 아니라 사회, 물리, 화학, 역사 수업에서 배운 지식도 졸업하고 대부분 잊어버린다. 어디서 무엇을 하든 그곳에서 통용되는 지식을 새로 학습해야 한다.

Restart

회사에 들어와서 가장 먼저 배운 건 인사였다. 같은 팀원이든 다른 팀원이든 마주치는 모든 사람에게 인사하라고 선배는 귀띔해주었다. 그다음에 배운 건 업무 처리 방식이었다. 3D 모델링 프로그램 사용법, 도면 작도법, 보고서 작성법을 익혔다. 학생 때 해보지 않은 것은 아니었지만 학교에서 배운 것과는 달랐다. 업무에서 주로 쓰는 기능, 회사에서 통용되는 양식에 맞춰 작업하는 법을 집중적으로 교육받았다. 다시 대학교에 입학한 것 같은 기분이 들었다. 나는 회사의 1학년이었고 회사에서 적응하는 법을 처음부터 익혀야 했다. 어느덧 회사를 다닌 지 10년이 넘었다. 10년이면 강산도 변한다고 하지만 학창시절에 배운 것을 써먹을 수 있는가에 대한 관점은 변하지 않았다. 회사의 업무는 회사에 들어와서 배우는 것이다. 학창시절에 배운 지식은 일하는 데 별로 활용되지 않는다. 이게 지금까지의 경험을 바탕으로 내린 결론이다.

물론 학교에서 배운 것을 사회에서 쓰지 않는다는 주장을 일반화할 수는 없다. 학교에서 배운 지식을 적극 활용하는 직종도 있을 것이다. 그렇지만 학교에서 배운 지식을 사회에서 활용하는 정도가 얼마나 될까. 분야마다 다르겠지만 학교에서 배운 지식의 총량을 100이라고 하면 실제로 쓰는 정도는 10에서 20 사이라고 생각한다. 졸업하는 순간 80에서 90은 잊어버리는 지식이라고 보면 된다. 저마다의 분야에 쓰이는 80에서 90의 지식을 일하면서 채워나가야 한다.

절대 변하지 않는 것

초·중·고·대학교까지 16년 동안 배운 것을 사회에서 별로 활용하지 않는다니. 그럼 애초에 공부는 왜 하는 것일까. 무엇 때문에 밤낮없이 공부해야 하는 걸까. 왜 16년 동안 부모님의 눈치를 보고 선생님에게 혼나가며 책을 펼쳤던 것일까. 억울하지 않은가. 공부할 시간에 차라리 게임 한판 하면서 즐기는 게 더 낫지 않을까.

이는 공부의 과정이 아니라 결과에 초점을 맞추기 때문에 드는 생각이다. 앞서 평생직장은 없다고 밝혔다. 프로게이머만 할 수도 없고 자동차만 연구할 수도 없다. 환경은 변하고 사람도 변한다. 직업이 생겼다 사라지고 생각과 가치관이 시시각각 바뀐다. 좋았던 게 싫어지고 싫었던 게 좋아진다. 기피했던 일을 맡게 되기도 하고 새로운 분야를 개척해야 하는 상황에 처한다. 부모, 배우자, 자녀를 위해 해야 할 일이 생기기도 한다. 날씨가 변하는 것처럼 주변 환경과 생각이 변한다. 앞으로 어디서 무슨 일을 하게 될지는 아무도 모른다. 변하지 않는 것은 모든 것은 변한다는 사실 뿐이다.

학창시절의 공부는 건물의 대들보를 세우는 것과 같다. 골조가 견고해야 지진, 태풍에도 끄떡없는 건축물이 된다. 다양한 분야의 지식을 쌓는 것은 모두 뼈대를 올곧게 만드는 일이다. 문제해결능력과 논리적인 사고방식을 습득하고 참기 힘든 상황에서도 버티는 힘을 기르는 일이다. **근의 공식을 쓸 일이 없을 뿐이지 근의 공식을 익혔던 과정은 사회에서도 그대로 활용된다.**

관점을 살짝 틀어보면 어떨까. 학교를 졸업하면 지금까지 배웠던 것을 대부분 쓰지 않게 된다. 지금 보고 듣고 배우는 것은 어쩌면 지금 이 순간에만 누릴 수 있는 값진 경험이다. 나중에 쓰지 않을 가능성이 높기 때문에 역설적으로 지금 이 순간에 집중하면 어떨까. 지엽적인 지식은 기억하지 못하더라도 그 순간 온전히 공부했던 기억은 영혼 한구석 어딘가를 영원히 차지할 테니까.

6) 선택받는 사람

여러분은 회사의 CEO다. 한 명의 직원을 채용하는데 두 명이 지원했다. A는 학업 성적이 우수하다. 반대로 B는 학업 성적이 썩 좋지 않다. 외모, 성격, 말투, 자세 다른 조건은 같고 학업 성적만 다르다고 가정하자. 여러분은 어떤 지원자를 뽑겠는가.

상대의 모습이 보편적인 기준을 웃돌 때 호감이 생긴다. 내 기준에 잘생기고, 내 기준에 성격이 좋으면 그와 함께하고 싶어진다. 사람마다 기준은 다르겠지만 이 정도면 누가 봐도 괜찮다고 인정하는 기준이 있다. 이만하면 멋지고 이만하면 일 잘하고 이만하면 착한 기준. 이러한 기준 중에서 성적은 꽤 중요한 위치를 차지한다.

성적이 바꾸는 미래의 일상

다시 앞으로 돌아가자. 여러분은 B 대신 A를 채용했을 것이다. 다른 조건은 같지만 A의 성적이 B보다 나았기 때문이다. 성적이 좋다는 것은 무엇을 의미할까. 남들보다 지능이 높거나 열심히 공부했다는 것을 뜻한다. 채용 담당자는 성적이 좋은 지원자를 선호한다. 그들도 학교를 다녔고 어떻게 해야 좋은 성적을 거두는지 알고 있다. 똑똑하거나 노력하거나 둘 중 하나라는 것을.

성적은 학력을 결정짓고 직업을 좌우한다. 사람들은 학력과 직업을 보고 그 사람의 수준을 가늠한다. 어쩔 수 없지, 당연한 거 아니냐며 간단히 넘길 일이 아니다. 앞으로 벌어질 수많은 상황에서 학력과 직업은 언제나 평가의 기준이 된다. 내가 상대를 평가하듯이 상대도 나를 평가한다. 직업을 구할 때도, 이성을 만날 때도, 모임에 나갈 때도, 거래처와 협상할 때도, 사람과 사람 사이에서 벌어지는 모든 일에 성적이 영향을 미친다. 학력이 좋았으면 들어갈 수 있는 기업도 학력이 나쁘면 면접 기회조차 받지 못하고 직업이 좋았으면 교제할 수 있는 사람도 직업이 나쁘면 소개받지 못한다.

마치 성적이 전부인 것처럼 묘사했다. 이는 비약이다. 성적은 사람을 평가하는 수많은 기준 중의 하나일 뿐이다. 외모, 성격, 말투, 눈빛, 자세, 인성, 가치관 등 성적 못지않게 중요한 기준이 있다. 이러한 기준들이 섞이고 어우러져 그 사람의 정체성이 확립된다. 성적은 인생의 전부가 아니다. 공부를 못해도 성공할 수 있다. 운동을 잘해도 되고 춤을 잘 춰도 된다.

하지만 성적이 중요한 이유는 간단하다. **다른 기준보다 보편적이고 노력한 만큼 달라지기 때문이다.** 외모, 성격, 말투 같은 요소와는 다르다. 시간을 들이면 들이는 만큼 결과가 따라오는 게 성적이다. 그래서 어떤 이들은 재수 삼수를 마다하지 않는다. 남들보다 더 노력했다는 객관적인 증거, 존중받을 만한 결과를 보여주기 위해서다.

태산을 만드는 티끌

우리는 예상할 수 없는 미래의 큰 달콤함보다 당장 직면한 작은 괴로움에 더 높은 값어치를 매긴다. 배고프면 눈앞의 초콜릿에 손이 간다. 참는 것은 바보 같은 짓이다. "지금 공부하지 않으면 커서 큰일 난다, 나중에 뭐 먹고 살려고 그러냐." 어른들의 잔소리는 옳지만 듣기 싫다. 볼펜 대신 마우스를 잡는다. '지금 잠깐 논다고, 지금 몇 분 공부한다고 얼마나 달라진다고 그러는지. 편하게 쉬고 싶다.' 틀린 말은 아니다. 지금 책을 몇 장 더 읽는다고, 영어 단어 서너 개 더 외운다고 달라지는 건 별로 없다. 하지만 이런 순간이 쌓이고 쌓여서 1년, 3년, 10년이 지나면 어떻게 될까. **놀랄 만한 성공은 언제나 아무렇지 않아 보이는 순간이 모여서 만들어진다.**

모두가 눈앞의 초콜릿에 현혹될 때, 참고 인내하는 사람이 있다. 그들은 당장의 편안함이 아니라 미래의 행복을 내다본다. 피곤해도 책상 앞에 앉는 사람. 5분 더 자고 싶은 욕구를 이겨내는 사람. 자투리 시간에 수업을 복기하는 사람. 그들은 티끌을 모아 태산을 만든다. 그렇게 하루하루 조금씩 나아간다. 누구나 그들처럼 될 수 있다. 마음먹고 행동하기 시작하면.

7) 펜이 바꾸는 미래

직업에는 귀천이 없고 모든 일에는 쓰임이 있다. 반도체를 제작하는 일도, 학생을 가르치는 일도, 거리를 정돈하는 일도 모두 사회에 활력을 불어넣는다. 누가 어떤 직업을 갖고 있다고 해서 비웃을 필요도, 우러러 볼 필요도 없다. 그렇지만 누구나 선호하는 직업은 있다. 출퇴근 시간이 정해져 있고 위험하지 않으며 급여가 높고 인식이 좋은 직업은 인기가 많다. 그런 직업은 공급보다 수요가 크다. 당연히 경쟁이 치열하다.

직업이 미래를 좌우한다

정의로운 사회를 꿈꾸는 학생이 있다. 그의 꿈은 판사다. 그는 부푼 마음을 안고 판사가 되는 법을 알아봤다. 그리고 좌절했다. 그의 성적은 판사가 되기에 턱없이 모자랐다. 판사가 되려면 법학전문대학에 들어가야 하고 거기서 상위권을 다퉈야 한다. 하지만 법학전문대학에 지원할 성적을 갖추지 못했다. 그는 정의로운 사회를 만들고 싶었고 각오도 충분했지만 판사가 될 수 없었다.

직업은 미래의 일상을 결정짓는다. 의사가 되면 의술을 배우며 환자를 진찰하고 교사가 되면 교수법을 배우며 학생을 가르친다. 직업이 무엇이냐에 따라 거주지, 관심사, 하는 일이 달라진다. 직업에는 자격이 필요하다. 의사가 되려면 의대를 나와야 하고 교사가 되려면 교대를 나와야 한다. 공무원이 되려면 공무원 시험을 합격해야 하고 기업에 입사하려면 서류심사를 통과해야 한다. 미래를 좌우하는 직업, 직업을 구하는 과정에서 가장 강력한 무기는 성적이다. 키가 얼마나 크건, 말을 얼마나 잘하건, 순발력이 얼마나 뛰어나건 성적보다 중요하지 않다.

착한 사람이 아니라 의대를 졸업한 사람이 의사가 된다. 책임감을 갖춘 사람이 아니라 시험을 합격한 사람이 경찰이 된다. 착한 데다 성적까지 좋으면 "좋은 의사"가 되겠지만 성질이 더러워도 성적이 좋으면 "의사"가 될 수 있다.

수요보다 공급이 큰 직업을 꿈꾼다면 굳이 공부하지 않아도 된다. 일하고 싶을 때마다 얼마든지 일자리를 구할 수 있을 테니까. 경쟁률이 낮으니 힘들게 경쟁할 필요도 없다. 하지만 쉽게 구할 수 있는 만큼 쉽게 다른 사람으로 대체될 것이고, 원하는 만큼 대우받기 어려울 것이다.

경쟁률과 노력의 양은 비례한다

만족스러운 직업을 가지려면 공부해야 한다. 직업의 경쟁률이 높으면 높을수록 그만큼 더 열심히 공부해야 한다. 공부는 하기 싫지만 좋은 직업은 갖고 싶다는 사람이 있다. 하늘에서 떡이 떨어지면 얼마나 좋을까 싶지만 그런 일은 벌어지지 않는다. 좋은 직업을 가지는 방법은 두 가지다. 삶의 기대치를 낮추거나 노는 시간을 줄이거나, 둘 중에 하나를 선택해야 한다.

'나는 아무거나 하고 살아도 괜찮아, 뭐 어떻게든 되겠지, 나중에 무슨 방법이 있겠지' 안일한 생각은 안일한 결과를 부른다. 지금 최선을 다하지 않으면 선택할 수 있는 직업의 수가 점점 줄어든다. 그리고 하기 싫은 일을 하게 될 확률은 반대로 점점 높아진다. 평화로워 보이는 일상이지만 하루하루가 전쟁이다. 전쟁의 승패를 결정짓는 요소는 분명하다. 얼마나 빨리 마음을 다잡고 혼신의 힘을 다해 공부를 시작하느냐다. 거꾸로 생각하면 답이 보인다. 지금 공부하면 미래에 선택할 수 있는 직업의 수가 늘어난다. 하고 싶은 일을 마음대로 고를 수 있는 기회가 생긴다. 하기 싫은 일을 하지 않아도 되고 좋아하는 것을 하며 행복할 수 있다.

펜을 들면 미래가 바뀐다. 하루하루 공부하는 순간이 미래로 연결된다. 허들의 높이는 낮아지지 않는다. 허들을 넘으려면 몸을 웅크렸다 뛰어올라야 한다. 지금 이 순간이 앞날을 바꾼다. 뛰어오르기 위해 최대한 몸을 웅크리는 연습을 하자.

8) 게임이 공부보다 재미있는 이유

'50분이 왜 이렇게 길까. 게임하면 2시간도 금방인데.' 열심히 공부하겠다는 다짐은 온데간데없고 꾸벅꾸벅 졸고 있다. 눈꺼풀이 내려가고 목에는 힘이 빠진다. 고개가 아래로 꺾이는 순간 화들짝 놀라면서 잠을 깬다. 벽시계를 본다. 수업이 아직 30분 남았다. '지금부터라도 수업에 집중하자.' 1분이 지났을까, 다시 꾸벅거린다.

갑자기 정신이 맑아진다. 시계를 보니 수업이 끝나기 3분 전이다. 신기하게도 수업이 끝나가는 타이밍이 되면 잠이 깬다. 수업의 끝을 알리는 종소리가 울리자 몸에 활력이 넘친다. 뒷자리 친구와 어제 같이한 게임 이야기를 나눈다.

학교에서는 꾸벅, 집에서는 집중

쉬는 시간은 왜 이렇게 짧을까. 2교시의 시작을 알리는 종소리가 울린다. 몸이 축 처진다. 2교시는 국어. 무섭고 고리타분한 선생님의 수업. 선생님의 별명은 흰머리 호랑이다. '아, 호랑이는 조는 걸 용납하지 않는데. 50분을 어떻게 버티지' 국어 선생님이 교실 문을 열고 들어온다. 벌써 가슴이 답답해진다.

가까스로 조는 걸 면했다. 교과서 구석에 낙서를 하면서 버텼다. 마치 선생님의 말씀을 필기하는 것처럼 시늉하며 게임 캐릭터를 그렸다. 어차피 수업을 들어도 머릿속에 남는 건 없다. 세상에 이렇게 긴 50분이 있을까, 수업 시간에 시계를 몇 번이나 쳐다봤는지 모르겠다. 시계바늘이 오늘 따라 왜 이렇게 느리게 움직이는지. 한국말로 프리토킹이 되는데 왜 국어를 배우는 걸까.

야간자율학습이다. 뭘 해야 할지 모르겠다. 얼른 토요일이 되면 좋겠다. 드디어 하교다. 14시간 동안 학교에 있었더니 온몸이 찌뿌듯하다. 집에 돌아오자 부모님이 참외를 깎아주신다. 참외를 한 입 물고 PC를 켜서 게임을 실행한다. 하루 종일 공부했으니 잠깐 게임하는 것 정도는 괜찮잖아. 영철이와 준수도 접속했다. 수업 시간에 보여주지 못한 집중력을 발휘한다.

공부는 젬병이지만 게임은 좋아하는 열일곱의 하루. 머리로는 수업에 집중해야 하는 걸 알지만 몸은 머리의 말을 듣지 않는다. 신기하지 않은가. 수업만 끝나면 정신이 말짱해지는 것이. 이는 희귀한 현상이 아니다. 공부해야 하는 이유를 찾지 못한 모든 열일곱이 겪는 공통적인 현상이다.

자기주도성

수업을 들을 때는 졸리는데 게임할 때는 정신이 말짱해지는 이유는 뭘까. 자기주도성 때문이다. 자기주도성이란 스스로 생각하고 할 일을 해나가는 능력을 말한다. 앞서 자기주도학습을 이야기했다. 우리는 자기주도학습에는 서투르지만 자기주도게임에는 일가견이 있다. 그래서 게임할 때는 눈이 맑아진다. 하고 싶은 것을 하니까.

정해진 수업 시간, 정해진 시간표를 따르다 보면 나도 모르게 수동적으로 행동하게 된다. 수동적으로 해야 하는 일은 필연적으로 지루할 수밖에 없다. 하지만 하고 싶은 일을 할 때는 즐겁다. 수업 시간에는 의자에 앉아있어야 하지만 쉬는 시간에는 자유롭게 돌아다닐 수 있다. 친구랑 이야기할 수도 있고 매점에 갈 수도 있다. 집에 돌아와서 컴퓨터를 켜면 더 자유롭다.

이 게임을 할지, 저 게임을 할지 즐거운 고민이 시작된다. 유튜브에 접속해서 보고 싶은 영상을 볼 수도 있고, SNS에 사진을 올릴 수도 있고, 친구들과 채팅을 할 수도 있다. 무한한 자유 속에서 하고 싶은 일을 선택하고 그 일을 하는 건 즐거운 일이다. 스스로 선택한 일이기 때문에 능동적이다.

관건은 역시 자기주도성이다. 게임할 때를 떠올려보자. 자기주도성이 집중력에 미치는 영향을 알 수 있을 것이다. 수업 시간에는 졸리지만 종이 울리면 정신이 맑아지는 것도 같은 맥락이다. 하고 싶은 것을 할 수 있는 것만으로도 잠이 깬다.

문제의 현상과 원인을 알면 해결책이 나온다. 현상은 수업 시간에 조는 것, 원인은 공부하기 싫은데 어쩔 수 없이 책을 펼쳐야 하는 상황이다. 해결책은 두 가지다. 시스템을 바꾸거나 시스템을 이용하는 것. 학교를 그만두거나 시간표를 마음대로 바꾸기는 어렵다. 시스템을 바꿀 수 없다는 뜻이다. 현실적인 방법은 시스템을 적극적으로 이용하는 거다. 만약 수업을 게임처럼 즐길 수 있다면 어떻게 될까. 정해진 시간표에 수동적으로 끌려 다니지 않고 진심으로 바라는 순간이라고 생각할 수 있다면? 지금보다 수업 시간이 재밌어질 것이다. 하고 싶은 것을 하는 것이니까.

해결책을 도출했다면 현실에 적용해보자. 수동적인 자세를 능동적으로 바꾸는 거다. 어떻게 하면 하나라도 더 얻어낼 수 있을지, 어떻게 하면 어제보다 나아질 수 있을지 생각하자. 학교에 있는 순간이 무의미한 시간에서 내실을 다지는 시간으로 바뀌게 될 것이다.

9) 나도 모르는 내 마음

　나는 수능 점수를 잘 받기 위해 공부했다. 좋은 대학에 들어가고 싶었다. 단지 그뿐이었다. 10년 뒤, 20년 뒤에 무엇을 할 것인지 고려하지 않았다. 어떤 전공을 선택할지, 대학교에서 무엇을 할지 생각하지 않았다. 빨리 프로게이머로 복귀하고 싶은 마음뿐이었고 수능이 끝나자마자 서울로 향했다. 이제껏 못 했던 게임을 실컷 했다. 얼른 실력을 끌어올려서 대회에 나가고 싶었다.

미래를 정하는 사람

　기계공학과에 입학했다. 기계공학과를 나오면 취업이 잘 된다는 아버지의 조언을 따랐다. 기계공학과에서 무엇을 배우는지 몰랐고 알고 싶지도 않았다. '나사를 조이고 기계 장비를 다루는 방법을 배우나'라고 어렴풋이 생각했다. 나중에 학교를 다니면서 알게 된 기계공학은 몸을 쓰는 것과는 거리가 멀었다. 물리의 심화 과정 같았다. 고등학교 때보다 물리와 수학을 더 깊이 공부해야 했다.

　다행히 기계공학과의 공부는 그럭저럭 적성에 맞았다. 역학과 수학이 어렵긴 했지만 감당하지 못할 정도는 아니었다. 아버지의 조언대로 취업을 준비할 때도 유리했다. 문과 친구들이 취업의 괴로움을 토로할 때 나는 두 대기업 중 어느 곳에 입사할지 고민했다. 기계공학과에 진학한 덕분에 수월하게 취업했고 편안하게 사회생활을 시작했다. 그리고 자동차 엔지니어로서 10년 넘게 일하고 있다. 전공 선택이 지금의 일상을 결정지었다고 해도 과언이 아니다.

　기계공학이 적성에 맞았고 전공을 살려 사회생활도 하고 있지만 기계공학을 전공으로 선택한 순간은 후회된다. 물리와 수학이 어려웠기 때문에? 공대라는 단어에서 느껴지는 칙칙함 때문에? 아니다. 미래를 결정짓는 중요한 선택임에도 아무런 고민 없이 아버지의 말씀에 따랐기 때문이다. 기계공학에서 무슨 공부를 하고 기계공학을 졸업하면 어떤 일을 하게 될지 진지하게 알아보지 않았다. 기계공학이 적성에 맞았기에 망정이지 만약 기계공학이 적성에 맞지 않았다면 어떻게 되었을까. 괜히 아버지의 조언을 따랐다고 아버지를 탓하진 않았을까. 그런데 삶의 방향을 결정할 권한은 누구에게 있는가. 아버지인가? 아니다, 나다.

삶의 주인이 되라

미래를 결정짓는 중요한 선택의 기로에서도 나는 왜 다른 사람이 정해주는 길을 따랐을까. 왜 필사적으로 고민하지 않았을까. 중요한 결정을 내릴 때는 어른들의 말씀을 들어야 하니까? 아니다. 나는 스스로 생각하는 연습을 하지 않았고 삶에 책임감도 없었다. 수능을 잘 보는 것에만 급급했지 미래를 생각하지 않았다. 치열하게 고민하는 건 피곤하고 힘드니까 생각하고 싶지 않았던 것이다. 얼른 프로게이머로 돌아가고 싶었지, 내가 어떤 성향을 지닌 사람이고 무엇을 좋아하는지 들여다볼 생각조차 하지 않았다. 나는 미래를 결정짓는 진로마저 다른 사람이 결정해주길 내심 바랐던 거다.

열일곱의 당면 과제는 수능이다. 하지만 인생의 당면 과제는 수능이 아니라 행복이다. 우리는 행복해지기 위해 공부하는 것이지 만점을 받기 위해 공부하는 것이 아니다. 목적과 수단을 혼동하지 마라. 점수와 대학이 아닌 기쁨과 만족을 추구하라.

공부해야 하는 이유를 찾는 것처럼 사회에 나가서 무엇을 하고 싶은지 틈틈이 고민하라. 부모님, 선생님, 선후배, 친구가 아무리 나를 챙겨주고 이끌어줄지언정 선택의 결과를 책임져주진 못한다. 내 인생의 주인공은 나다. "엄마가 하라는 대로 해서 이렇게 됐잖아."라고 핑계를 댈 것인가. 이제 주체적으로, 능동적으로, 적극적으로 사고할 때다. 의대든, 공대든, 법대든, 사범대든, 다른 그 무엇이든 진짜로 하고 싶은 것을 필사적으로 찾고 절대 후회를 남기지 마라.

1) 공부보다 지피지기

인생을 종종 마라톤에 비유한다. 마라토너가 달려야 하는 거리는 42.195km, 열일곱을 마라톤 거리에 비유하면 지금 얼마쯤 왔을까. 기대 수명을 100세라고 가정하면 열일곱은 약 7km에 해당한다. 아직 남아 있는 거리는 35km, 우리는 지금까지 달려온 거리의 5배를 더 달려야 한다.

지피지기면 백전불태

모든 걸음에 혼을 담기 위해서는 왜 달려야 하는지 알아야 한다. 왜 달려야 하는지 모르는 마라토너는 의미 있는 발걸음을 내딛을 수 없다. 마라톤의 시작은 우리의 의지가 아니었다. 부모님의 선택이 나를 출발선 위에 올려놓았고 아무것도 모르는 채 달리기 시작했다. 부모님의 채근을 못 이겨서 달렸고 주변 사람을 추월하기 위해 달렸다. 옆을 보면 항상 부모님이 함께 달리고 있었다. 내 손을 잡고 내 보폭에 맞춰 달려준 부모님은 어느새 손을 놓고 멀리서 나를 지켜본다. 열일곱, 열여덟이 지나 스물이 되면 부모의 모습이 희미해진다. 결승점을 향해 올바르게 나아가고 있는지, 어디 아픈 곳은 없는지 스스로 점검해야 한다. 이제 혼자서 달려야 한다. 결승점을 통과할 때까지.

우리는 왜 달리는가. 손을 휘젓는 이유, 발을 멈추지 않는 이유, 땀을 흘리는 이유를 찾아야 한다. 주변 사람들이 달리고 있으니 나도 달려야만 하는가. 그래서는 의미 있는 걸음을 내딛을 수 없다. 이왕 달릴 거라면, 42.195km 동안 행복하려면, 다른 이들의 페이스에 휘둘리지 말고 스스로 달리는 이유를 찾아라.

왜 책을 읽고 왜 게임을 하고 왜 공부를 하는가. 손자병법에는 지피지기백전불태(知彼知己百戰不殆)라는 말이 있다. 적을 알고 나를 알면 백 번 싸워도 위태롭지 않다는 뜻이다. 요즘에는 메타인지가 중요하다고 한다. 메타인지란 강점과 약점, 호불호를 인지하는 것을 의미한다. 내가 어떤 사람인지 아는 사람은 위기에 빠지지 않는다. 정확한 코스로 나아가고 샛길로 빠지더라도 금방 제 위치를 찾는다. 내가 어떤 사람이고 무엇을 해야 하는지 정확하게 안다. 나를 정확히 알면 알수록 행복해질 가능성이 높아진다.

하루를 복기하라

　지피지기, 메타인지. 어려운 단어를 들먹였지만 용어가 뜻하는 바는 단순하다. 스스로를 정확히 알기 위해 애써야 한다는 것이다. 당장 학원에 가고 숙제를 해야 할 것 같지만 내가 어떤 사람인지 아는 게 더 공부를 잘하게 되는 길이다. 수능까지는 아직 시간이 남았고 인생이란 마라톤의 결승점까지는 35km가 남았다. 왜 공부해야 하는지도 모르고, 왜 뛰어야 하는지도 모르는 채 죽어라 공부하고 뛰기에는 갈 길이 멀다. 수능이라는 첫 번째 반환점을 웃으면서 통과하려면, **인생에 후회를 남기지 않으려면 왜 달려야 하는지, 어디를 향해 달려야 하는지 알아야 한다.**

　오늘부터 잠자리에 누워 하루를 돌아보라. 그리고 지나간 오늘을 복기하라. 어떤 순간이든 좋다. 몇 시에 잠을 깼는지, 알람을 듣고 곧바로 일어났는지, 아침은 무엇을 먹었는지, 학교에는 몇 시에 도착했는지, 쉬는 시간에는 무엇을 했는지, 방과후에는 어떤 생각을 했는지, 오늘 가장 기억에 남는 순간은 언제였는지 꼬리에 꼬리를 물고 나를 돌아보라.

　세계적인 경영컨설턴트 보도 섀퍼는 말했다. "성공은 머릿

시간은 멈추지 않고 흐른다. 지금 이 순간에도 우리는 달리고 있다. 불투명한 미래를 투명하게 만들기 위해, 조금이라도 더 행복해지기 위해 우리는 달린다. 발걸음마다 의미가 담기도록, 한걸음 한걸음에 스스로 전율할 수 있도록, 더 나은 내일을 위해 오늘을 힘차게 내딛어라.

2) 10분 만에 게임 터진 이유

e스포츠 경기를 보면 초반에 승부가 결정 나는 경우가 가끔 있다. 한 팀의 실수 때문에, 또는 반대 팀의 슈퍼 플레이 덕분에 게임의 균형이 급속도로 깨질 때 중계진이 소리친다. "이 게임 터졌어요."

스노우볼

"터졌다"는 표현은 더 이상 경기를 보지 않아도 될 정도로 차이가 벌어졌다는 것을 뜻한다. 중계진은 게임 터졌다고 외치지만 그 순간 양 팀의 객관적인 지표는 별 차이 없어 보인다. 경기 초반이기에 선수들이 갖고 있는 자원, 아이템, 경험치는 엇비슷하다. 그렇지만 해설가는 경기가 끝난 거나 마찬가지라고 호언장담한다. 그의 말마따나 경기는 일방적인 흐름으로 진행된다. 크지 않았던 두 팀의 격차는 시간이 흐를수록 점점 벌어지고 10분, 20분이 지나면 좁힐 수 없는 차이가 된다. 작은 눈덩이가 산을 굴러 내려오면서 크기를 키우는 것처럼 주먹만 한

눈덩이가 눈사태를 일으키는 것이다. e스포츠에서는 게임의 격차가 점점 벌어지는 현상을 "스노우볼이 굴러간다."고 표현한다.

스노우볼은 게임에서만 굴러가진 않는다. 현실에서도 보이지 않는 스노우볼이 날마다 굴러간다. 내가 게임한다고 다른 사람도 게임하는 것은 아니다. 지금 이 순간에도 누군가는 책을 읽고 공부를 한다. 내가 턱을 괴고 수업을 들을 때 누군가는 허리를 세우고 선생님의 말씀을 필기한다. 전국의 열일곱은 모두 저마다의 생각과 가치관을 갖고 산다. 수능이라는 같은 목표를 향해 달려가지만 일상은 제각각이다. 하루하루 쌓이는 일상의 차이는 스노우볼이 되어 몇 년 뒤 좁힐 수 없는 차이로 벌어진다. 어영부영하면 게임이 아니라 인생이 터진다.

고등학교 수험생활을 게임에 비유하면 열일곱은 초반 10분에 해당한다. 10분은 짧지만 이 시간 동안 무엇을 하느냐에 따라 20분, 30분 뒤가 바뀐다. 게임이 시작되고 10분 동안 아무것도 하지 않는다고 상상해보라. 아무것도 하지 않은 10분 동안 열심히 성장한 상대를 이길 수 있을까.

초반 10분, 그동안 얼마나 기반을 탄탄하게 다지느냐에 따라 게임의 승패가 좌우된다. 직접적인 전투를 벌이지 않더라도 매순간 얼마나 집중하느냐에 따라 나와 상대의 차이가 벌어진다. 어떤 경로로 이동하느냐, 어떻게 스킬을 사용하느냐, 체력 관리를 어떻게 하느냐와 같이 사소한 순간들이 모여 스노우볼이 된다. 아무것도 하지 않으면 작은 스노우볼조차 만들어지지 않지만 어떤 행동이든 꾸준히 반복하고 성의를 보이면 스노우볼이 점점 커진다.

열일곱, 초반 10분

초반 10분이 게임의 승패를 결정짓고, 열일곱의 행동이 인생을 좌우한다는 것은 무서운 말이다. 지금 전진하지 않고 멈춰있으면 나중에 돌이킬 수 없는 상황에 직면할지도 모른다. 수업시간에 꾸벅꾸벅 졸고, 그냥저냥 스마트폰을 뒤적거리면 스노우볼은 굴러가지 않는다. 열심히 자원을 모으고 중후반을 대비해야 하는 게임에서 알트탭을 누르고 딴 짓 하는 것과 다를 바 없다.

프로게이머가 되었다고 가정해보자. 코치는 말한다. 초반

10분에 승패가 갈린다고. 10분 동안 어떻게 플레이할 것인가. 초반이니까 설렁설렁 플레이할 것인가, 아니면 눈에 불을 켜고 1초, 1초 집중할 것인가. **이기기 위해선 전력을 다해 마우스와 키보드를 두드려야 한다.**

선생님이 말한다. 열일곱의 하루가 수능 점수와 연결된다고. 앞으로 어떻게 행동해야 할까. 오늘을 어떻게, 그리고 내일을 어떻게 보내야 할까. 지금 이 순간에도 시간은 흐른다. 누군가는 스노우볼을 굴리기 위해 1초, 1초 부단히 노력하고 있다. 상대를 넘고 자신을 이기기 위해, 지금 무엇을 해야 할까.

3) 프로게이머가 되겠다는 말의 무게

게임, 참 재미있다. 마음만 먹으면 언제 어디서든 게임 세상에 접속할 수 있다. 주머니에는 스마트폰이라는 고성능 게임기가 들어있고 집에 가면 PC가 나를 기다린다. 현실의 속박에서 잠시 벗어나 자유를 만끽하는 시간, 게임은 재미있다.

스물둘에 그만둔 프로게이머

나는 열일곱에 게임에 미쳤다. 대회가 열리는 날에는 4교시까지만 수업을 듣고 조퇴했다. 연습을 핑계 삼아 야간자율학습을 빠지는 날도 많았다. 부모님과 선생님도 내 의견을 존중해줬다. 친구들이 남아있는 학교를 등지고 교문을 나설 때면 기분이 좋았다. 가끔은 프로게이머가 되고 싶어서 게임을 하는 건지, 공부가 하기 싫어서 게임을 하는 건지 헷갈렸다. 아마 둘 다였을 것이다. 게임이 좋아서 게임에 빠졌지만 하루 종일 공부하는 게 괴롭기도 했다. 고구마 먹은 듯 답답한 하루 속에서 게임은 속을 뚫어주는 사이다였다.

평생 프로게이머로 활동하고 싶었다. 눈앞의 벚꽃을 보지 못했던 것처럼 다른 꿈은 눈에 들어오지 않았다. 게임을 좋아하고 좋아한 만큼 잘했기에 서른, 마흔이 되어서도 프로게이머일 거라고 지레짐작했다. 이런 생각이 바뀌는 데는 긴 시간이 걸리지 않았다. 나는 스물둘에 프로게이머를 그만둬야겠다고 생각했다. 서른, 마흔은커녕 프로게이머가 된 지 4년밖에 되지 않았는데 접어야겠다고 생각한 것이다. 상상 이상으로 치열한 경쟁, 군대 문제, 서서히 떨어지는 기량이 열일곱의 꿈을 금방 잊게 만들었다. 나만 그런 것은 아니었다. 열일곱 때 동고동락했던 형, 친구들은 어느덧 하나 둘씩 자취를 감추었다. 화려한 스포트라이트를 받았던 그들은 후배에게 자리를 내주고 조용히 사라졌다. 스물둘밖에 되지 않았지만 나는 팀의 최고참급 선수였다.

학업을 접고 프로게이머에 도전해도 되느냐는 학생들의 질문을 종종 받는다. 그들의 마음이 상하지 않도록 빙빙 돌려서 말하지만 학업은 포기하지 말라고 조언한다. 프로게이머의 수명은 짧으면 2~3년, 길어야 10년밖에 되지 않고 프로게이머를 그만둔 뒤에 남은 인생이 지금까지 살아온 시간보다 훨씬 길기 때문이다. 게다가 정말 프로게이머가 될 재능이 있다면 스무 살에 도전해도 충분하다. 10대에는 학업에 집중하고 20대에 휴학한 뒤 프로게이머에 도전해도 늦지 않다고 늘 이야기한다.

게임과 공부 사이

게임을 좋아한다면 '프로게이머 한번 해볼까?'라고 생각할 수 있다. 나처럼 진짜로 프로게이머에 도전한 사람도 있을 테고 생각만 하고 행동에 옮기지 못한 사람도 있을 테다. 하지만 프로게이머가 되고 싶은 이유가 단순히 공부하기 싫어서라면 다시 한 번 고민하길 바란다. 스물둘에 게임을 그만두고 무엇을 할 것인지, 서른에는 어떤 삶을 살 것인지, 세계 최고의 선수가 될 자신이 있는지, 지금 이 순간을 공부가 아닌 게임으로 채워서 후회하지 않을 자신이 있는지. 여러 번 자문자답해야 한다.

고민 끝에 내린 결론이 학업을 포기하고 프로게이머에 도전하겠다는 것이라면 말리지 않는다. 프로게이머는 매력적인 직업이고 대성하면 누구 못지않게 성공할 수 있다. 그렇지만 조금이라도 고개를 갸웃한다면 학업에 집중하길 바란다. 수능이

끝나면 하고 싶은 것을 마음껏 할 수 있는 자유가 주어진다. 그
때 프로게이머에 도전해도 된다.

부모님과 선생님에게 수없이 설교를 들었다. "커서 뭐 하고
살래, 일단 대학부터 들어간 뒤에 게임해라, 게임이 밥 먹여주
나." 갑갑했다. 하고 싶다는데 왜 이렇게 태클을 거는지, 내 마
음을 알아주지 않는 어른들이 싫었다. 시간이 흐르고 그때의
부모님과 선생님과 같은 나이가 되었다. 이제 어른들의 마음이
이해가 된다. 프로게이머는 화려한 직업이지만 그 순간은 찰나
와 같으며 게임이 아닌 다른 무엇으로 살아가야 할 날이 훨씬
많다는 것을. 그래서 걱정했다는 것을.

게임은 계속 발전한다. 게임이 재미있다는 사실은 변하지 않
는다. 여가 시간을 보내고 스트레스를 푸는 활동 중에 게임은
단연 으뜸이다. 공부하다가 지쳤을 때, 잠시 휴식을 취하고 싶
을 때 잠깐씩 게임을 즐기며 과열된 뇌를 식히자. 그렇다고 너
무 게임에 빠지진 말자. 무엇이 중요한지 판단할 수 있는 나이
니까. 그리고 게임할 때는 부모의 눈치를 살피지 말고 당당하
게 하자. 공부할 때도 게임할 때처럼 집중하자. 게임하듯이 공
부하고 공부하듯이 게임하자. 바로 지금부터.

4) 공부 못하는 법

공부 잘하는 법은 지금까지 수없이 들었다. "예습해라, 복습해라, 선생님의 말씀에 집중해라, 선행학습을 해라, 오답노트를 만들어라, 출제자의 의도를 파악해라." 단지 실행하지 못할 뿐이지 공부 잘하는 법은 머릿속에 각인되어 있다. 그런데 공부 못하는 법은 들어본 적이 없을 것이다. 부모님과 선생님은 내가 공부를 잘하길 바랄 테니까. 그런데 공부 못하는 법을 들여다보면 의외의 깨달음을 얻을 수 있다. 공부를 못하는 법을 정확히 반대로 바꾸면 공부를 잘하는 법이 된다. 반대의 반대를 생각하면 해답이 보인다.

수업 시간에 존다

쉬는 시간에는 쌩쌩하다가 수업이 시작되면 눈꺼풀이 무거워진다. 선생님의 말씀은 최면술사의 말처럼 정신을 잃게 만든다. 이렇게 효과가 좋은 수면제가 있을까. 수업 시간에 조는 사람은 공부를 못할 자격이 충분하다. 수업 시간에 졸리는 이유는 무엇일까. 어젯밤 잠을 적게 자서 그럴까. 아니다. 8시간, 10시간을 자도 조는 사람은 존다. 수업 시간에 졸리는 첫 번째 이유는 선생님의 말씀을 귀담아들을 생각이 없기 때문이고 두 번째 이유는 수업의 내용이 무엇인지 이해하지 못하기 때문이다. 첫 번째 이유는 두 번째 이유와 연결된다. 귀담아듣지 않으니 무슨 말인지 모르고 무슨 말인지 모르기에 재미가 없다. 선생님이 어떤 말을 하든지, 그게 수업과 관련이 있는 내용이든 아니든 경청하는 훈련을 해야 한다. 두 눈에 힘을 주고 허리를 곧추세워라. 수업 시간에 집중하기만 해도 성과가 나타난다.

딴 짓을 한다

초등학교 3학년, 내 꿈은 만화가였다. 수업이 시작되면 연습장을 꺼내 줄을 긋고 만화를 그렸다. 만화를 그리면 지루한 수업 시간이 빠르게 지나갔다. 만화를 그렸던 기억이 남아서일까. 열일곱에도 수업 시간에 그림을 그렸다. 교과서 귀퉁이에 게임 캐릭터를 그리기도 하고 ㅇ, ㅁ, ㅂ, ㅍ, ㅎ 받침 안에 색칠했다. 교과서에 수록된 삽화를 바탕으로 괴상망측한 그림을 그리기도 했다. 낙서를 하면 시간은 잘 간다. 하지만 그만큼 수업에 집중할 수 없다. "이 부분은 시험 문제에 나온다."고 선생님이 강조하면 깜짝 놀라 빨간 펜으로 밑줄 긋고 별을 그릴 뿐, 전혀 공부하지 않았다. 한창 게임에 빠져 있을 때는 주로 게임 생각을 했다. 어제 경기를 머릿속으로 복기하면서 잘못한 부분을 찾았다. 나는 교실에 있었지만 만화방, PC방에 있는 것과 다르지 않았다.

복습하지 않는다

사람은 망각의 동물이다. 오늘 체험한 일도 내일이 되면 잘 기억나지 않는다. 어제 먹은 점심 메뉴도 헷갈리고 어제 입은 옷도 떠오르지 않는다. 뇌는 잠을 자는 동안 기억해야 할 정보와 잊어도 되는 정보를 분류하고 재배치한다. 만약 매일 겪는 모든 일을 기억하려고 하면 뇌는 과부하 상태가 되고 심각한 스트레스를 받을 것이다. 잊는다는 것은 살아가기 위해 필수불가결한 일이다. 그래서 우리는 잊는다. 즐거웠던 추억도, 괴로웠던 고통도 시간이 지나면 흐릿해진다. 기쁜 일도 잊는 마당에 재밌지도 않은 수업 내용을 기억하기란 더욱 어렵다. 기억하고 싶은 것이 있다면 끊임없이 되새겨야 한다. 선생님이 하신 말씀에 주관을 더해서 수업 내용을 다시 해석해보라. 앵무새처럼 수업 내용을 달달 외우는 복습도 좋지만 맞든 틀리든 내 생각이 더해진 복습이 효과가 좋다. 복습이라고 해서 부담을 느낄 필요는 없다. 수업이 끝나고 쉬는 시간에 어떤 내용을 공부했는지 1분만 되짚어라. 그리고 다음 수업이 시작되기 전에 지난 시간에 어떤 내용을 공부했는지 1분만 복기하라. 그렇게 복습이 익숙해지면 차츰차츰 복습하는 시간을 늘려나가라.

공부의 달인이 되는 법

공부를 못하기는 쉽다. 보지 않고, 듣지 않고, 생각하지 않으면 된다. 교과서를 보지 않고, 선생님의 말씀을 듣지 않고, 무엇을 배웠는지 생각하지 않으면 된다. 눈을 가리고 귀를 막고 머릿속 생각 회로를 끊어버리면 공부를 못할 수밖에 없다. 공부할 때 가장 중요한 건 수업 시간에 집중하는 것이다. 나보다 잘하는 사람에게 게임을 배워야 실력이 느는 것처럼 나보다 많이 아는 사람에게 배워야 성적이 오른다. 이제 눈을 뜨고 귀를 열고 머리를 굴릴 때다.

공부를 못하는 법을 돌아보면 공부 잘하는 법을 알 수 있다. 졸지 말고, 집중하고, 복습한다. 이게 전부다. 과목별로 공부법이 다를 수 있지만 본질은 같다. 현재에 충실하고, 과거를 되새기는 것이 최선의 방법이다. 앞에서 말했다. 방법을 몰라서 공부하지 않는 게 아니라고. 공부 잘하는 방법은 지겹도록 들어왔다. 모르는 게 아니라 행하지 못하기 때문에 공부를 못하는 것이다.

제대로 공부하려면 어떻게 해야 할까. 왜 제대로 공부해야 하는지 알아야 한다. 공부해야 하는 이유를 찾아라. 허수아비처럼 살지 말고 공부해야 하는 이유에 대해 끊임없이 되물어라. 답을 찾지 못하면 지속해서 공부할 수 없다. 생각에 생각을 거듭해서 결론을 내라. **가장 중요한 것은 스스로 답을 찾아야 한다는 것, 맞든 틀리든 공부해야 하는 이유를 정립하는 것이다.** 책장을 덮고 의자에서 일어나 공원을 거닐어라. 왜 공부해야 하는지 질문하고 사색하라. 공부해야 하는 이유를 찾기 위해.

5) 균형 게임

   인생은 균형 게임이다. 우리는 언제나 균형을 추구한다. 일과 여가의 균형, 일명 워라밸(Work Life Balance)이 대표적이다. 일이 많으면 힘들지만 일이 없으면 지루하다. 게임도 적당히 하면 재밌지만 하루 종일 하면 지겹다. 게임이 재밌는 이유는 하고 싶은 만큼 할 수 있기 때문이다. 반대로 공부가 재미없는 이유는 하고 싶지 않은데도 해야 하기 때문이다. 용기가 과하면 객기 부족하면 비겁하다고 한다. 사랑이 과하면 집착 부족하면 관심이 없다고 한다. 인생은 균형을 맞추고, 균형을 잃고, 다시 균형을 잡는 과정의 연속이다.

공부와 휴식의 균형

   나는 직장인이다. 하루 8시간 남짓 일을 한다. 가끔 10시간 넘게 일을 할 때도 있다. 밥 먹을 때만 잠시 쉬고 10시간 동안 일하면 그야말로 녹초가 된다. 집에 돌아오면 아무것도 하지 못하고 소파에 드러눕는다. 반대로 8시간 일한 날에는 퇴근 후에도 에너지가 남아있다. 그럴 때 책을 읽거나 글을 쓴다. 내게 맞는 업무 시간은 8시간이다. 잠도 마찬가지다. 6시간 자면 다음날 아침에 피곤하다. 8시간 자면 다음날 개운하다. 내게 맞는 수면 시간은 8시간이다. 사람마다 균형을 유지하는 지점은 다르다. 어떤 사람은 10시간 일해도 끄떡없고 어떤 사람은 6시간만 자도 팔팔하다. 저마다의 신체 조건과 상황에 따라 균형은 달라진다.

열일곱에게 닥치는 화두는 공부와 휴식의 균형이다. 아침 8시부터 밤 10시까지, 학교에 14시간 동안 있어야 한다. 야간 자율학습이 끝나고 학원에 가서 공부하는 학생도 있을 테지만 학업 시간 14시간을 기준으로 생각해보자.

14시간 중에서 식사 시간과 쉬는 시간을 빼고 순수하게 공부하는 시간은 10시간 정도가 될 것이다. 이 10시간 중에 얼마 동안 집중해서 공부할 수 있을까. 이게 관건이다. 어떤 사람은 5시간 동안 집중할 테고 어떤 사람은 8시간 동안 집중할 것이다. 또 다른 사람은 식사 시간과 쉬는 시간마저도 공부에 몰입할 수도 있다. '아니, 저렇게까지 공부해야 하는 거야? 지독하다. 지독해.'라는 생각이 들만큼 공부하는 사람도 있을 것이다. 그에겐 그렇게 공부하는 게 맞는 균형이다. 덜 공부하면 찝찝하고 더 공부하면 다음날에 지장이 가는 어떤 지점. 누군가에게는 그 시간이 3시간, 다른 누군가에게는 그 시간이 12시간인 것이다. 나보다 많이 공부하는 사람을 보고 부러워할 필요도, 적게 공부하는 사람을 보고 비웃을 필요도 없다. 각자 서로의 균형에 맞게 공부하고 쉬는 거니까.

균형을 바꾸는 방법

균형은 쉽게 깨지지 않는다. 평소에 1시간 공부하다가 갑자기 10시간 공부하긴 어렵다. 균형은 계절이 바뀌듯이 서서히 변한다. 그래서 갑자기 공부 시간을 늘리는 게, 성적을 올리는 게 어렵다. 진달래가 갑자기 피거나 사과가 단숨에 영글지 않듯이 변화는 서서히 일어난다. 비를 맞고 바람에 휘날리며 더위를 이겨낸 끝에 꽃과 열매가 생겨난다. 계절의 변화에 힌트가 있다. 우리는 아주 천천히, 하지만 꾸준하게 원하는 지점까지 균형을 바꿔나가야 한다.

미국의 기업가이자 작가인 제시 잇츨러는 말했다. "훈련은 쉽다. 지속적이며 꾸준한 훈련이 어려울 뿐이다."

변하기란 어렵다. 관성의 법칙은 물체뿐만 아니라 육체와 정신을 지배한다. 현재에 안주하려는 나태함은 새로운 일을 시도하려는 것을 방해한다. 변하겠다고 다짐하는 것도 어렵지만 그걸 실천하고 반복하는 것은 더욱 어렵다. 관성의 법칙을 이겨내고 지금의 균형을 깨부수는 일이기 때문이다.

성공하려면 변해야 한다. 지금과 똑같이 행동하면 지금보다 나아질 수 없다. 가만히 있으면 서있는 위치가 바뀌지 않는다. 정면을 응시하고 걸어야 풍경이 바뀐다. 가끔은 빠른 속도로 걷고 가끔은 전력질주를 해야 앞으로 나아갈 수 있다. 그렇게 꾸준하게 앞으로 걸어가야 종국에 원하는 균형에 다다를 수 있다. 오늘 어떤 하루를 보내고 싶은가, 어떤 하루가 이상적인 하루라고 생각하는가. 이상적인 하루를 생각하면서도 그렇게 하지 못하는 이유는 무엇인가. 이제 발걸음을 떼고 그곳으로 걸어가자. 천천히, 하지만 꾸준히.

6) L은 B와 D사이의 C

일곱 살에 처음으로 게임을 접했다. 〈남극대탐험〉이라는 게임이었다. 진행 방식은 간단했다. 조이스틱을 좌우로 움직여서 펭귄의 위치를 조종한다. 그리고 장애물을 피해 결승점까지 나아가면 끝이다. 35년 전 게임이니 단순하기 그지없지만 뭔가 그리도 재밌었는지 한판이라도 더 하기 위해 이웃집을 들락거렸다. 처음으로 접한 게임 세계의 자극 때문일까. 아직도 그 시절의 추억이 남아있다.

그날 이후로 일상에서 게임이 차지하는 비중은 점점 커져갔다. 콘솔, 아케이드, PC, 휴대용 게임, 종류를 가리지 않고 게임을 즐겼다. 담배 연기로 자욱한 오락실에 제집 드나들 듯 출입했다. 주말 아침에는 주인아저씨보다 먼저 오락실에 도착했고 돈이 떨어지면 문을 닫을 때까지 다른 사람의 게임을 구경했다. "차라리 집에서 게임해라."고 부모님이 게임기를 사줄 정도였다. 하루하루 게임에 빠지기 시작한 나는 중학교 2학년 때 정점을 찍었다. 〈스타크래프트〉는 삶의 1순위를 게임으로

만들었다. 하루도 빠짐없이 게임을 했고 열여덟에 전국대회 본
선에 진출했다. 16명의 본선 진출자 중에 최연소였다.

성적을 바꾸는 행동

중학교 때 성적은 반에서 중간이었다. 후회가 남지 않을 만
큼 찐하게 게임했지만 중위권 성적을 유지했고 인문계 고등학
교에 진학했다. 특별히 공부를 잘하지는 않았지만 그렇다고 아
예 공부에서 손을 뗀 것은 아니었다. 날마다 게임에 몰두하면
서도 중위권의 성적을 받을 수 있었던 이유는 두 가지 원칙 때
문이었다. 두 가지 원칙은 고등학생 때도 이어졌고 수능을 준
비하며 학업에 전념할 때 큰 힘이 되었다. 그리고 성인이 되어
서 여러 가지 활동에 도전할 수 있는 마중물이 되었다. 두 가지
원칙은 다음과 같다.

첫 번째 원칙, 수업을 듣는다.
두 번째 원칙, 공부와 게임 외에는 포기한다.

학생은 평일 대부분의 시간을 학교에서 보낸다. 그리고 학교
에 있는 시간 중에서 가장 큰 비중을 차지하는 것은 수업 시간

이다. 쉬는 시간, 식사 시간, 자율학습시간을 더해도 수업 시간에 미치지 못한다. 쉬는 시간과 식사 시간은 다음 수업을 위해 원기를 보충하는 시간이고 자율학습시간은 수업 시간에서 배운 내용을 복습하는 시간이다. 학교에서 보내는 시간 중에 수업만큼 중요한 시간이 없다.

따라서 수업 시간에 어떻게 행동하느냐가 학생의 성취, 성적을 좌우한다. 나는 수업 시간에 웬만하면 졸지 않았다. 쉬는 시간에 책상에 엎드려 쪽잠을 자고 수업이 시작되면 수업에 집중했다. 선생님의 말씀을 모두 이해하진 못했지만 수업의 흐름을 쫓으려 애썼다. 중요한 대목에선 필기를 하고 이해되지 않는 부분은 외우려고 노력했다. 마치 전교 1등이라도 되는 것처럼 서술했지만 반에서 중간 정도 하는 만큼만 공부했다. 강조하고 싶은 부분은 수업시간에 최대한 졸지 않고 수업을 들었다는 점이다.

밤늦게까지 게임을 하면서도 어떻게 수업시간에 졸지 않고 집중할 수 있었냐고? 나는 선생님들을 좋아했다. 괴팍하거나 성격이 이상한 일부 선생님을 제외하고는 다 좋아했다. 초등학교 6학년 때의 경험이 시발점이었다. 컴퓨터가 보급되기 시작하던 시절 담임선생님은 컴퓨터로 문서를 작성하는 데 서툴렀다. 반에서 타자가 가장 빨랐던 나는 종종 선생님의 부름을 받았고 선생님과 함께 문서를 작성했다. 교사가 해야 할 일에 학생을 동원하다니, 지금 생각하면 불합리한 처사지만 나는 그 시간이 좋았다. 선생님에게 인정받는 게 기꺼웠고 선생님에게 도움을 드릴 수 있어서 뿌듯했다. 그렇게 문서 작성을 계기로 나와 선생님의 사이는 가까워졌고 가까워진 사이만큼 수업 시간의 집중력도 덩달아 높아졌다. 착하고 성실한 제자로 인정받는데 불온한 모습을 보여줄 순 없었으니까. 오히려 수업 시간이 되면 잠이 깨기 시작했다. 초등학교를 졸업한 뒤에도 만나는 선생님마다 내적친밀감을 느꼈고 덕분에 수업 시간에 집중할 수 있었다. **"수업 시간에 졸지 않는다."** 단지 이 행동 하나가 미래를 바꾸었다.

선택하면 집중할 수 있다

프로게이머를 꿈꾸던 열일곱, 공부와 게임 외에는 전부 포기했다. 학교에선 수업을 듣고 학교 밖에선 게임을 했다. 시험 기간이 되면 수업에서 들은 내용을 바탕으로 벼락치기 공부를 했다.

인생(Life)은 B(Birth)와 D(Death) 사이의 C(Choice)라고 한다. 삶은 어떤 선택을 하느냐에 따라 달라진다. 지금처럼 책을 읽을 수도 있고 잠을 잘 수도 있다. 게임을 할 수도 있고 운동을 할 수도 있다. 선택은 다음 선택과 연결되며 선택의 결과는 실시간으로 중첩된다. 현재의 모습은 과거 모든 선택의 결과다. 사람들은 종종 묻는다. 어떻게 프로게이머를 했으면서 대학에 들어갔냐고, 어떻게 프로게이머를 했으면서 우리 회사에 입사할 수 있었냐고. 그들에게 게임과 공부는 양립하기 힘든 대상이다. 내 생각은 다르다. 충분히 양립할 수 있다.

흐리멍덩한 눈으로 이도저도 아닌 시간을 보내는 걸 경계해야 한다. 독수리가 먹이를 낚아채기 위해 사냥감을 주시하듯 집중하라. 공부할 때도 게임할 때의 눈빛을 보여줄 수 있다면 공부도 거뜬히 잘할 수 있다.

흔히 선택과 집중을 별개라고 생각한다. 어떤 선택을 하든 집중할 수도 있고 집중하지 못할 수도 있다고. 하지만 선택과 집중은 완벽하게 연결된다. **선택해야 집중할 수 있다. 선택 당하면 집중할 수 없다.**

학교에 가고 수업 시간에 의자에 앉는 것은 엄밀히 말해 선택이 아니다. 국가의 교육 시스템, 부모의 기대와 다그침에 떠밀려 학교에 가는 것이다. 등교는 선택한 것이 아니기에 재미없다. 자의가 아니라 타의로 공부하기에 수동적이게 된다. 아침에는 일어나기 싫고, 수업시간에도 일어나기 싫다.

수동적인 선택과 능동적인 선택

선택하지 않으면 집중할 수 없다. 반대로 말해 집중하려면 선택해야 한다. 게임이 재미있는 까닭은 스스로 PC의 전원을 켜고 게임을 실행하기 때문이다. 공부와 게임의 가장 큰 차이는 남이 시켜서 하느냐, 남이 시키지 않아도 하느냐다.

학교에 가는 게 선택한 것이 아니라고 가만히 있으면 아무것도 바뀌지 않는다. 어차피 학교에 갈 거라면, 어쨌든 대한민국의 교육 시스템에 수긍할 거라면 학교에 가서 공부하는 것을 내 선택으로 만들어라. 부모님이 깨워주니까, 친구가 있으니까, 졸업은 해야 하니까가 아니라 학교에 가야 하는 나만의 이유를 만드는 거다. 새로운 지식을 학습하기 위해, 사회성을 기르기 위해, 삶을 대하는 태도를 배우기 위해, 진짜로 원하는 게 무엇인지 찾기 위해 일상 속에 벌어지는 모든 시간을 주도적인 선택으로 바꿔라.

　수동적인 선택을 능동적인 선택으로 바꾸면 행동이 달라진다. 주어진 하루가 아니라 만들어가는 하루 속에서 겪는 모든 일에서 집중력이 배가 된다. 집중하면 수업 시간에도 졸리지 않는다. 수업 시간에 깨어 있으니 내용이 이해된다. 내용을 이해하니 수업이 재밌어지고 다음 수업이 기다려진다. 수업이 즐거우니 성적이 오른다. 성적이 오르니 더 공부하고 싶어진다. 수업 시간의 자세를 바꾸는 것만으로 스노우볼이 거침없이 굴러간다.

　눈을 감는 그날까지 연기에 대한 열정을 놓지 않은 이순재 배우는 "배워서 남 주냐"고 말했다. 학교에서 보고 듣고 익히는 것은 모두 내 것이라고 생각하라. 생각의 변화가 행동의 변화를 일으킨다. 타인이 아니라 내 눈으로 바라보라. 어차피 해야 할 일이라면 능동적으로 실천하라. 게임할 때 들뜨고 고양되는 감정, 교실에서 느끼지 말라는 법은 없지 않은가.

7) 명작에는 이야기가 있다

바야흐로 스토리텔링 시대다. 똑같은 내용이어도 이야기를 곁들이면 오래 기억에 남는다. 태양을 쳐다보면 눈에 손상이 올 수 있다는 사실보다 망원경으로 태양을 보다가 실명할 뻔한 과학자의 이야기가 생생하다. 우리는 지엽적인 내용보다 이야기를 기억한다. 어제 외운 영어 단어는 기억나지 않아도 1년 전에 본 영화의 장면이 기억나는 이유도 마찬가지다. 영어 단어에는 이야기가 없지만 영화에는 이야기가 있기 때문이다.

1년 전에 본 영화의 장면이 기억난다는 것, 세세한 정보보다 줄거리가 오래 기억에 남는다는 사실은 어떻게 공부해야 하는지 알려준다. 그렇다. 오래 기억하고 싶다면 그것에 이야기를 덧붙여라.

좋은 영화와 만화의 특징

좋은 영화에는 공통점이 있다. 장면마다 의미가 있다는 것,

장면과 장면이 긴밀하게 연결된다는 것. 시간이 지날수록 몰입 된다는 것. 그리고 재미있다는 것. 수업 시간의 2배가 넘는 러 닝타임인데 어떻게 이토록 재미있을까. 이유는 간단하다. 영 화를 제작하기 전에 시나리오, 즉 이야기를 먼저 쓰기 때문이 다. 시나리오가 부실하면 배우들의 연기도 빛을 잃는다.

만화가는 그림을 그리기 전에 콘티를 구상한다. 등장인물과 대사가 들어갈 공간을 설정하고 구도를 스케치한다. 콘티가 어 색하면 재차 수정하고 여러 차례 회의를 거친다. 콘티 작업을 마무리하고 나서야 밑그림을 그리고 채색한다.

좋은 작품을 만들려면 넓게 봐야 한다. 시나리오가 훌륭하고 콘티가 정교해야 좋은 영화, 좋은 만화가 탄생한다. 감독과 만 화가가 세부 작업을 하기 전에 시나리오와 콘티를 구상하는 이 유는 더 나은 결과물을 만들기 위해서다. 시나리오와 콘티 없 이 영화를 찍고 그림을 그리면 당장은 시간이 절약되는 것처럼 보이지만 완성도가 떨어질 수밖에 없다.

멀리 내다볼 줄 아는 사람

공부도 똑같다. 큰 그림을 그릴 줄 아는 사람이 좋은 성적을 거둔다. 교육 과정에는 이야기가 있다. 고등학교 3년, 1학년, 한 학기 동안 나아가야 할 커리큘럼이 있다. 미분과 적분, 문법과 독해, 문학과 비문학, 고려시대와 조선시대는 별개의 이야기가 아니다. 수학, 국어, 영어, 역사라는 영화의 줄거리 안에서 벌어지는 명장면이다.

같은 영화를 봐도 저마다 다른 인상을 받는 것처럼 같은 수업을 들어도 저마다 다른 것을 배운다. 누군가는 전체적인 흐름을 파악하고 누군가는 한곳에만 집착한다. 영화를 제대로 즐기기 위해 줄거리를 이해해야 하듯이 수업을 온전히 흡수하려면 커리큘럼을 이해해야 한다. 어떤 생각으로 무엇을 보느냐에 따라 전혀 다른 영화, 전혀 다른 수업이 된다.

공부를 시작하기 전에 지금 어떤 지점에 있는지 확인하라. 그리고 학습하는 내용이 다음에 어떻게 연결되는지 전체적인 맥락을 파악하라. 선생님이 왜 이 대목이 중요하다고 강조하는지, 과거 수능 시험 문제가 요구하는 것은 무엇인지 생각하자. 나무만 보지 말고 숲을 보라. 돌에 낀 이끼가 아니라 전체적인 산의 모습을 조망하라. 인생도 넓게 보자. 하루 만에 미래가 바뀌진 않는다. 하지만 미래를 바꾸는 것은 하루의 모음이다. 나무와 이끼가 모여 산이 된다.

8) 옆에 있는 친구는 적이 아니다

좁디좁은 교실에서 하루 종일 시간을 보내는 친구들과 나. 각별한 사이지만 시험을 칠 때만큼은 묘한 긴장감이 감돈다. 좋은 성적을 받기 위해서는 친구보다 시험을 잘 봐야 한다. 시험 기간에는 친구가 경쟁자로 바뀐다. 성적은 무섭다. 성적이 친구를 대하는 기준이 되기도 한다. 성적이 좋은 친구는 우러러보고 성적이 나쁜 친구는 무시하게 된다. 성적으로 상대를 평가하게 되는 성적지상주의. 치열한 경쟁이 낳는 부정적인 단면이다.

고수는 주변을 신경 쓰지 않는다

어떤 단원에서 시험 문제가 나올 것 같으냐는 질문에 자기 생각을 스스럼없이 말해주는 친구가 있는 반면, 잘 모르겠다며 뭔가를 감추는 친구가 있다. 시간과 정성을 들여 힘들게 구한 정보를 다른 사람에게 알려주기 싫은 마음이 자연스럽게 생긴다. 상대가 좋은 점수를 받으면 내 점수의 가치는 떨어진다. 친한 것과는 별개로 경쟁은 경쟁이다.

좁은 공간에서 하루하루를 보내기 때문일까. 시험 기간이 되면 마음이 교실처럼 작아진다. 나도 모르게 옹졸하고 이기적인 모습이 튀어나온다. 아는 것은 가르쳐주기 싫지만 모르는 것은 배우고 싶다. 나도 마찬가지였다. 오히려 성적이 어중간해서 더 그랬던 것 같다. 공부를 잘하는 친구는 친구들의 질문에 성의껏 대답해주는데 나는 그냥 얼버무렸다. 아는 게 많지도 않았지만 설령 알아도 대충 알려줬다. 친한 친구 사이에 알려주지 않을 수는 없고 그렇다고 모든 정보를 알려주긴 싫었던 것 같다. 성적을 잘 받고 싶은 욕심과 친구들의 성적이 나보다 나쁘길 바라는 마음이 섞였다. 사실 그때는 그렇게 생각했는지 몰랐다. 게임에서 등급을 올리려면 상대에게 이겨야 하는 것처럼 좋은 성적을 거두기 위해선 친구보다 하나라도 문제를 더 맞혀야 한다고 생각했다.

고수는 주변 상황에 그다지 관심을 두지 않는다. 남이 잘하든 못하든 개의치 않는다. 고수는 스스로에게 집중한다. 내가 무엇이 부족한지, 무엇을 해야 하는지 파악하고 실천하는 것을 훨씬 중요하게 여긴다. 그게 실력을 키울 수 있는 유일한 방법이기 때문이다. 남보다 좋은 성과를 내는 방법은 두 가지다. 내가 잘하거나, 남이 못하거나. 고수는 남이 못하길 바라지 않는다. 그저 내가 할 수 있는 일에 사활을 건다. 남이 어떤 퍼포먼스를 보여주든 내가 잘하면 아무런 상관이 없다. **남을 볼 시간을 줄이고 나를 볼 시간을 늘린다.**

경쟁자는 남이 아니라 나

마음을 다잡고 시작할 거라면, 하는 듯 마는 듯 어중간하게 하는 게 아니라 제대로 공부할 거라면, 오늘부터 남이 아니라 내게 집중하라. 옆에 앉아 있는 친구는 경쟁자가 아니다. 오히려 긍정적인 자극을 주는 동료이자 함께 나아가야 할 동반자다. 상대평가 시스템에서 좋은 성적을 받으려면 친구보다 공부를 잘해야 하지만 "친구보다"를 빼도 좋은 성적을 거둘 수 있다. 그렇다. 나만 잘하면 된다.

날마다 같은 공간에서 친구들과 생활을 하니 친구들과 비교할 수밖에 없겠지만 실제로는 눈앞에 보이지 않는 경쟁자가 훨씬 많다. 수십만 명에 달하는 전국의 고등학생과 재수생을 생각해보라. 옆에 앉아 있는 친구를 견제하면서 정보를 숨기고 틀리길 바라는 게 얼마나 부질없는 짓인지 알게 된다. 모두가 10킬로미터의 속도로 나아갈 때 11킬로미터로 달리면 선두가 된다. 옆 사람을 견제하면서 몇 명 나아가지 못하게 저지한들 나머지 사람들은 앞으로 나아간다. 수십만 명을 모두 나아가지 못하도록 막는 건 불가능하다. 남을 못 나가게 막을 게 아니라 내가 더 나아갈 수 있는 방법을 궁리하는 게 현명하다.

누구보다 두려워해야 할 경쟁자는 남이 아니라 나다. 10분만 더 자고 싶고, 수업 시간에 엎드리고 싶고, 한 게임만 더 하고 싶고, 틱톡을 보고 싶고, 친구들과 메시지를 주고받고 싶고, 늦게 잠을 자고 싶은 내가 진정한 경쟁자다.

가르쳐야 배운다

시간은 빠르다. 끝날 것 같지 않는 10대도 지나고 보면 금방이다. 근의 공식이 아니라 왜 공부해야 하는지 알아야 한다. 한 달, 1년을 내다보고 친구를 의식하기 전에 전국의 열일곱을 떠올려라.

친구를 경쟁상대로 인식하는 순간 숲이 아니라 나무를 보는 것이 된다. 아니, 나무에 묻은 진흙 위의 개미를 보는 꼴이다. 대범해지자. 담대해지자. 대인배가 되자. 친구가 모르는 것을 물어보면 최대한 열과 성의를 다해 설명해줘라. 제자에게 모든 것을 전수하는 스승이 된 것처럼 알고 있는 모든 지식을 전부 나누어줘라. 누군가에게 가르치는 순간은 시간 낭비가 아니다. 머릿속에 모호하게 떠돌던 개념을 정립하고 완벽하게 내 것으로 만드는 시간이다. 가르쳐야 모르는 것을 알게 된다. 뭔가를 물어보는 친구를 귀인으로 대접하라.

매운 라면을 떠올리면 입가에 침이 고이고 잔잔한 여름바다를 떠올리면 마음이 평온해진다. 우리는 우리가 생각하는 대로 된다. 좁은 교실에 있다고 해서 마음마저 교실처럼 작아질 필요는 없다. 바다와 같이 너른 마음으로 멀리 보고 관대해지자. 누군가가 도움이 필요하다는 표정으로 다가오고 있는가? 잠시 책을 덮고 귀인을 맞이할 준비를 하라. 그들이 내게 다가오는 순간은 성적이 오르는 순간이다.

9) 열일곱, 스스로 걸어야 할 나이

　성적이 나쁜 이유를 남의 탓으로 돌리는 학생이 있다. '내가 공부하지 않는 까닭은 쉽게 가르치는 선생님이 없기 때문이야', '과학 선생님의 수업 방식은 너무 고리타분해', '학원에서는 실질적인 요령을 알려주는데, 학교에서는 원론적인 설명만 해.'

　목수는 연장을 가리지 않고 화가는 붓을 가리지 않는다. 공부를 잘하는 학생은 선생님을 가리지 않는다. 배우려는 사람은 고지식한 강의에서도 통찰을 얻고 배우지 않으려는 사람은 일타 강사 앞에서도 헛물만 켠다. 공부는 남이 아니라 내가 하는 것이다. 전달받은 지식을 얼마나 소화하고 체화할 것인가는 수업이 아니라 태도가 좌우한다.

공부는 남이 아니라 내가 하는 것

　고등학생 시절 가장 따분한 과목은 국어였다. 정년을 앞둔 노선생님은 느릿느릿 교실로 들어와서 쉰 목소리로 수업을 진행했다. 수업 방식은 오로지 필기였다. 그날의 날짜와 같은 번호의 친구를 불러 세워 교과서를 읽혔고 선생님은 한참 동안 판서했다. 친구 따라 책을 읽고 공책에 판서를 베껴 쓰는 게 수업의 전부였다. 어느 날 친구들과 점심을 먹으면서 험담을 나누었다.

"야, 국어 진짜 지루하지 않냐. 필기하느라 팔 빠지겠다."
"그러게 말이야, 도통 뭘 배우고 있는지 모르겠다."

오고가는 대화 중에 한 친구가 슬며시 말했다.

"수업이 옛날 방식이긴 한데, 문장 하나하나 꼼꼼히 짚어주니까 맥락을 이해하는 데 도움은 되더라."

"아니, 이 녀석이 혼자 다른 반찬을 먹었나. 갑자기 왜 이래."
친구를 타박했던 기억이 난다.

그날 이후로도 국어 수업은 따분했다. 친구 말마따나 긍정적인 점을 찾으려 시도했지만 지루한 건 마찬가지였다. 고등학교를 졸업하고 대학에 입학했다. 국어 선생님보다 심한 교수님이 널렸다는 걸 알고 경악했다. 학문에 깊이가 있을지언정 가르치는 기술이 부족한 교수님, 이해할 수 없는 용어를 남발하면서 혼자 문제를 푸는 교수님, 화면에 강의 자료를 띄워놓고 따라 읽으면서 페이지를 넘기는 교수님. 고등학교 선생님은 매시간 학생들과 호흡하며 수업에 전념한다. 하지만 대학 교수는 본인의 연구를 수행하는 게 강의 못지않게 중요하다. 대학교 강의 시간은 고등학교 수업만큼 정이 넘치지 않았다.

밥을 씹을 수 있는 사람

강의의 내용을 이해하지 못해 답답했지만 교수님을 탓하진 않았다. 대학생이 되면서 공부는 스스로 해야 하는 것을 깨달았기 때문이다. 교수님은 강의 계획에 따라 진도를 나가고 요점도 알려주지만 결국 공부는 스스로 해야 한다. 대학교의 공부는 강의 시간에 집중한다고 해서 이해할 수 있는 것이 아니었다. 강의를 듣는 순간보다 복습하고 레포트를 제출하는 데 걸리는 시간이 서너 배 더 많았다. 시험 기간에 공부해야 할 범위도 넓고 어떤 챕터에서 어떤 문제가 출제될지 예상하기도 어려웠다. 무엇을 어떻게 공부해야 할지 스스로 생각해야 했고 과거에 출제됐던 문제를 풀어보며 감을 잡아야 했다.

다른 사람이 숟가락에 밥과 반찬을 올려 입에 가져다줄 순 있지만 씹어주진 못한다. 밥은 스스로 먹는 것이다. 혹시 밥을 떠주는 것으로도 모자라 씹어주기를 바라는 것은 아닌가. 열일곱, 반찬 투정과 메뉴 품평은 이제 멈출 때다. 혼자서 음식을 꼭꼭 씹어 먹고 음미하는 연습을 하라. 맛이 없을 거라고 생각했던 음식도 곱씹어보면 생각했던 것보다 입맛에 맞는다는 걸 알게 될 것이다.

10) 미래를 바꾸는 10분

수업과 수업 사이의 10분은 말 그대로 쉬는 시간이었다. 피곤하면 엎드려 잤고 졸리지 않으면 친구들과 떠들었다. 쉬는 시간이 공부하는 시간으로 바뀐 시기는 고등학교 3학년 봄이었다. 아무도 건드리지 않는다는 고3이 되면서 교실의 분위기가 사뭇 달라졌고 쉬는 시간의 분위기도 바뀌었다. 왁자지껄하던 쉬는 시간이 조용해졌다. 본격적인 수험생활이 시작됐다는 걸 공표하듯이 쉬는 시간에 공부하는 친구들이 늘었다. 선생님은 1년만 고생하면 된다고 위로하면서 안쓰러운 표정을 지었다. 졸리면 교실 뒤에 서서 수업을 듣는 친구가 늘었고 점심시간에 밥을 먹으면서 복습하는 친구도 있었다. 교실 뒤쪽 벽에는 하루하루 뜯어내는 종이 달력이 걸렸다. 하루하루 줄어드는 시간, 수능이 얼마 남지 않았다는 걸 체감하는 친구들은 너나 할 것 없이 공부에 집중했다.

집!중!

고3 봄, 프로게이머가 되기 위해 게임했던 시간만큼 한참 뒤처진 성적, 나는 반에서 중하위권이었고 첫 번째 모의고사에서 5등급을 받았다. 불안감이 엄습했고 열심히 공부하는 친구들을 보며 이대로는 안 되겠다는 생각이 들었다. 부족한 부분을 메우기 위해선 공부하는 시간을 늘려야 했다. 다른 친구들처럼 쉬는 시간에 책을 펼치고 공부했다.

고등학교 3학년, 모두가 열심히 공부한다. 남들과 똑같이 공부해서는 남들보다 좋은 성적을 받을 수 없다. 성적을 좌우하는 변수는 두 가지, 시간과 집중력이다. 뭔가를 배우기 위해서는 시간을 투자해야 한다. 교과서를 읽고, 수업을 듣고, 중요한 대목을 외우고, 되새기는 시간이 필요하다. 하지만 아무리 오랜 시간 동안 공부하더라도 집중하지 않으면 성과가 나타나지 않는다. 똑같이 수업을 들어도 누군가는 10만큼 이해하고, 누군가는 50만큼 이해한다. 같은 시간 동안 문제를 풀어도 어떤 사람은 다섯 문제를 풀고 어떤 사람은 열 문제를 푼다. 의자에 엉덩이를 붙이고 눈을 뜨고 있는 건 똑같지만 어떤 자세, 어떤 눈빛으로 수업을 듣느냐에 따라 얻을 수 있는 효과는 달라진다.

나는 집중력 하나만큼은 자신 있었다. 프로게이머가 되기 위해 게임에 매진하면서 익힌 기술이었다. 상대에게 이기기 위해서는 고도의 집중력을 발휘해야 한다. 다리를 꼬고 앉아서 대충 마우스를 움직여서는 프로게이머가 될 수 없다. 작은 것 하나라도 놓치지 않겠다는 자세로 최선의 최선을 다해야 일류의 반열에 오를 수 있다. 고등학교 3학년, 부족한 지식을 채우고 성적을 올리기 위해 공부 시간을 늘렸고 그 시간 동안 온전히 집중하기 위해 노력했다. 이미 나보다 앞서 있는 사람들을 추월하기 위해서는 달리는 시간을 늘리고 보폭을 넓혀야 했다.

자투리 시간을 적극적으로 활용하라

쉬는 시간 10분은 짧은 시간이 아니다. 책을 읽을 수도, 운동을 할 수도, 명상을 할 수도 있는 시간이다. 팔굽혀펴기 10개를 하는 데는 10초도 걸리지 않는다. 10초에 팔굽혀펴기 10개를 한다고 가정하면 10분은 산술적으로 팔굽혀펴기 600개를 할 수 있는 시간이다. 수업 사이마다 껴있는 쉬는 시간, 점심시간, 저녁시간, 버스와 지하철을 타는 시간, 화장실에 있는 시간, 잠자리에 누워 있는 시간, 모든 자투리 시간을 끌어 모으면 서너 시간을 더 공부할 수 있다. 그런 자투리 시간을 모으고 모은 다음 최대한 집중에서 공부하면 점점 앞서나갈 수 있다. 남들보다 좋은 성적을 거두고 싶으면 남들보다 오래, 집중해서 공부해야 한다.

어제의 쉬는 시간을 복기해보라. 쉬는 시간에 무엇을 했는가. 차분히 과거를 돌아보는 거다. 돌아보면 돌아볼수록 하루에 얼마나 많은 시간을 낭비하고 있는지 깨닫게 될 것이다. 오늘은 쉬는 시간에 딱 5분만 책을 펼쳐보라. 복습도 좋고 예습도 좋다. 미래에 대한 고민도 좋다. 5분이 길면 1분만 시간을 투자하라. 의미 없는 시간을 의미 있는 시간으로 바꾸는 순간이 더 나은 미래로 나아가는 첫 걸음이다.

11) 기억의 달인 되는 법

시험을 볼 때마다 이런 순간을 겪는다. '아, 분명히 배운 건데, 답이 뭐더라' 정답일 것 같은 보기를 번갈아보면서 입술을 잘근 깨문다.

하룻밤, 아니 몇 시간만 지나도 머릿속에서 사라지는 기억. 분명히 알고 있는데 막상 입 밖으로 끄집어내려고 하면 나오지 않는 지식. 이런 현상은 왜 생기는 것이며 어떻게 대처하면 좋을까. 중요한 정보를 잊어버리지 않고 오래 기억하는 방법은 없을까.

기억력을 키우는 두 가지 방법

우리는 날마다 무수히 많은 정보를 접한다. 수학 공식, 국어 지문뿐만 아니라 날씨, 풍경, 지나치는 사람, 야구 경기 결과처럼 일일이 열거할 수 없을 만큼 수많은 정보가 머릿속으로 밀려들어온다. 다행히 뇌는 정보를 체계적으로 분류한다. 학습과 기억을 담당하는 뇌의 해마는 입력된 정보를 두 가지 종류, 장기 기억과 단기 기억으로 나눈다.

독일의 심리학자 에빙하우스의 주장에 따르면 학습하고 10분만 지나도 망각이 시작되며 1시간이 지나면 기억의 56%가 잊힌다고 한다. 우리가 받아들인 정보는 생각보다 빠르게, 지금 이 순간에도 휘발되고 있다. 어제 읽은 책의 내용이 기억나지 않는 것은 머리가 나빠서가 아니다. 자연스러운 현상이다.

해마는 어떤 정보를 장기 기억으로 저장할까. 이것만 알면 원하는 정보를 오랫동안 기억할 수 있을 것이다. 해마가 장기 기억으로 저장하는 것은 두 가지, "인상적인 경험" 또는 "반복적인 자극"이다. 충격적인 사건 또는 충격은 작아도 지속적으로 반복되는 자극이 장기 기억 공간으로 이동한다. 좋아하는 이성에게 고백한 순간, 새로운 곳으로 여행을 떠난 순간처럼 특별한 경험은 잊히지 않는다. 영어 단어를 외우거나 아이돌 멤버의 이름을 기억하는 것처럼 반복해서 확인한 정보도 잊히지 않는다. 특별한 순간을 맞이하거나 같은 정보를 지속적으로 주입받으면 장기 기억 공간이 활성화된다.

지식은 단기 기억이 아니라 모두 장기 기억이다. 내 입으로 말할 수 없으면 아는 게 아니다. 이를테면 이름, 사는 곳, 전화번호, 신체의 특징처럼 누가 물어보면 곧바로 답할 수 있어야 아는 것이다. 물론 단기 기억도 말할 수 있다. 처음 보는 전화번호도 외워서 말할 수 있다. 하지만 1시간 뒤에 같은 전화번호를 말하라고 하면 답하기 어렵다. 단기 기억이 장기 기억으로 옮겨지지 않았기 때문이다. 인상적인 경험도 아니고 반복적으로 외우지도 않았으니까.

공부를 잘하는 사람은 단기 기억을 장기 기억으로 전환하는 데 능하다. 어제 공부한 내용을 오늘 정확하게 기억한다. 모든 정보를 저장하는 거대한 하드디스크처럼 그들은 배운 것을 토시 하나 틀리지 않고 기억한다. 그들은 어떻게 많은 정보를 기억하는 것일까.

인상적인 경험을 늘려라

해마는 반복적인 자극을 장기 기억으로 옮긴다. 그러니 꾸준히 반복해서 외우라고 말하진 않겠다. 물론 반복은 중요하지만 반복보다는 "인상적인 경험"을 강화하는 법에 초점을 맞춰보

자. 좋아하는 이성에게 고백한 순간이 잊히지 않는 것처럼 인상적인 경험은 기억의 효율을 배가시킨다. 같은 시간 동안 더 많은 것을 기억하려면 인상적인 경험을 자주 겪어야 한다.

인상적인 경험은 어떻게 만들 수 있을까. 쳇바퀴 돌듯 반복되는 일상 속에서 어떻게 하면 일상을 인상으로 바꿀 수 있을까. 춤을 추면서 공부하거나 날마다 장소를 바꿔가며 공부해야 할까. 일부러 독특한 체험을 하거나 모험을 떠날 필요는 없다. 왜냐하면 의식적으로 인상적인 경험을 만들어내는 방법이 있기 때문이다.

인상적인 경험을 만드는 데 핵심이 되는 것은 "고독한 시간"이다. 아무런 방해 없이 오롯이 혼자가 되는 시간, 그 시간에 무엇을 하느냐가 인상적인 경험을 늘리느냐 마느냐를 결정짓는다.

우리는 수업을 들을 때 배우지 않는다. 수업이 끝난 뒤 혼자 곱씹으면서 배운다. 우리는 강습을 받을 때 익히지 않는다. 강습이 끝난 뒤 혼자 연습하면서 익힌다. 책을 읽는다고 지혜가 쌓이진 않는다. 책을 덮고 내용을 곰곰이 되짚어야 지혜가 쌓인다.

수업을 듣고 강습을 받고 책을 읽는 시간은 다른 사람에게 일방적으로 정보를 주입받는 순간, 즉 단기 기억을 채우는 순간이다. 단기 기억을 장기 기억으로 바꾸려면, 주입 받은 정보를 온전히 나만의 지식으로 소화하려면 혼자서 조용히 되새겨야 한다. 수업의 핵심은 무엇인지, 강습의 요점은 무엇인지, 저자의 철학은 무엇인지 되묻고 삶에 어떻게 응용할 것인지 고찰해야 한다. 고독하게 사색해야 진짜 지식이 쌓이기 시작한다.

이화여대 최재천 교수는 『최재천의 공부』에서 술회했다. "혼자만의 시간이 없었다면 저는 존재하지 못할 것 같아요. 학생들과 토론하고 실험도 하지만 마지막 결과물은 혼자 보내는 시간에서 나오죠. 함께 모여서 해야 할 일도 있지만 혼자서 생각하고 조사하고 읽는 시간이 가장 중요합니다."

강원국 작가는 『강원국의 진짜 공부』에서 덧붙였다. "성공을 거두기 위해서는 유념할 것이 있습니다. 배우고 익히는 학습(學習)이 온전히 이루어져야 합니다. 배울 학(學)만 있고 익힐 습(習)이 없으면 공부라 할 수 없습니다. 배우기만 한 것은 내 것이 아니고, 그것을 익혔을 때 비로소 내 것이 됩니다. 나는 배움보다 익힘이 더 중요하다고 생각합니다.”

공부를 잘하는 학생이 복습을 하는 이유, 프로 바둑 기사가 대국을 복기하는 이유, 발레리나가 연기를 모니터링하는 이유, 프로게이머가 경기를 분석하는 이유 모두 똑같다. 지식과 생각, 습관과 논리를 차분히 들여다보고 필요한 것을 장기 기억으로 보존하기 위해서다. 결국 혼자 있을 때 무엇을, 어떻게 하느냐가 관건이다. 오래 기억하고 싶은 정보, 습관, 태도, 방식이 있다면 혼자가 되었을 때 그것을 떠올려라. 남의 도움은 일체 받지 않고 스스로 그것에 대해 생각하는 거다.

예를 들어 삶을 바꾸라는 주제의 책을 읽었다면 무엇이 삶을 바꾸는 행동인지 고민해보는 것이다. 저자가 제시하는 여러 가지 실천 강령 중에 내게 맞는 것은 무엇인지, 그 행동이 실질적으로 도움이 될지, 하루에 몇 분 동안 실천할지, 그 행동을 통해 얻는 이점이 무엇인지 다양한 생각거리를 떠올려라. 저자에게 주입받는 문장은 단기 기억에 묻히지만 스스로 끄집어낸 생

각은 장기 기억으로 이동한다. 의지를 발휘해서 능동적으로 생
각한 것이니까.

진짜 지식 만들기

인상적인 경험을 강화하기 위해 추천하는 방법은 글쓰기다.
글쓰기는 스스로를 고립시키는 데 효과적이다. 혼자 있는 시
간을 글쓰기로 채워보라. A4용지를 펼쳐 놓고 오늘 배운 것,
탐구하고 싶은 것, 원하는 것을 써라. 형식은 중요하지 않다.
떠오르는 지식과 생각을 마구잡이로 쓰자. 기억하고 싶은 지
식, 삶에 적용하고 싶은 철칙을 나만의 언어로 써보자. 문법이
맞지 않아도 되고 몇 문장 쓰지 않아도 된다. 그저 글쓰기를 통
해 고독한 순간을 즐기는 거다. 머릿속에 있는 생각을 밖으로
끄집어내는 데 정신을 집중하라.

말할 수 있고, 적을 수 있어야 진짜 지식이다. 원하는 대로
내뱉으려면 평소에 내뱉는 연습을 해야 한다. 인상적인 경험의
순간을 의도적으로 늘려라. 그리고 그 순간을 반복적인 자극으
로 뒷받침하면 금상첨화다.

'분명히 들었는데, 분명히 알았는데, 분명히 배웠는데'

기억나지 않는다면 곱씹지 않아서다. 곱씹기 시작하는 순간 기억하고 싶은 것을 오래 기억할 수 있다. "인상적인 경험"은 마음으로부터 영향을 받는다. 아무리 좋은 경관을 봐도 별거 아니라고 생각하면 단기 기억으로 그친다. 반대로 떨어지는 나뭇잎에도 의미를 부여하면 그 순간은 장기 기억이 된다.

어떤 마음으로 하루하루를 대하느냐에 따라 기억의 대상과 기억의 깊이를 통제할 수 있다. 나아지고 싶은 분야에서 벌어지는 모든 일에 관심을 두고 의미를 부여하라. 그리고 인상적인 경험을 늘리기 위해 스스로 질문하고, 정리하라. 그렇게 하루하루 조금씩 단기 기억을 장기 기억으로 옮긴다면 어느 누구보다 빠르게 성장하게 될 것이다.

3장

Repeat,
게임과 공부를 잘하는
방법은 완벽히 똑같다

1) 티끌의 힘

한국콘텐츠진흥원에서 발간한 「2024 게임이용자 실태조사」에 따르면 10대의 게임 이용률은 81.4퍼센트에 달한다. 10대를 모아놓고 게임하는 사람 손 들어보라고 하면 100명 중에 81명이 손을 드는 셈이다. 내가 고등학생일 때도 대부분의 친구가 게임을 했으니 20년 전이나 지금이나 10대에게 게임만큼 가까운 콘텐츠가 없다는 것을 새삼 느낀다.

게임은 재미있다. 나도 어렸을 때부터 게임을 했고 프로게이머로도 활동했다. 누구보다 게임을 잘하기 위해 연습했던 지난날은 이제 추억으로 남아 있다. 수능 공부를 하면서, 회사에서 업무를 배우면서, 도서관에서 책을 쓰면서 게임을 잘하는 방법과 공부를 잘하는 방법이 비슷하다는 것을 느꼈다. 게임과 공부는 물과 기름처럼 서로 밀어내는 것처럼 보이지만 곰곰이 짚어보면 공부하듯 게임할 수 있고 반대로 게임하듯 공부할 수 있다.

기억하자. S=CaR이다. 열망을 담아 실천하고 꾸준히 반복하면 성공할 수 있다. 이번에는 "꾸준히"에 밑줄을 그어보자. 꾸준함은 성공을 좌우하는 핵심 키워드다. 다음 레벨로 나아가기 위해 반드시 필요한 열쇠다. 공부가 지겨운 이유는 안 그래도 하기 싫은데 하기 싫은 행동을 반복해야 하기 때문이다. 이번 장에서는 반복의 중요성을 게임에 비유해서 설명할 것이다. 게임을 잘하게 되는 것도 알고 보면 반복의 결과다. 이번 장을 반복해서 읽는 것만으로도 한결 공부에 자신감이 생길 것이다. 높은 인기를 구가하고 있는 게임 「리그 오브 레전드」를 바탕으로 게임하듯 공부하는 법을 알아보자.

하염없이 굴러가는 스노우볼

챔피언(게임 캐릭터)을 선택하고 게임이 시작되면 해야 하는 과업이 있다. 지속적으로 출몰하는 미니언(몬스터)를 해치우는 것이다. 마지막 일격으로 미니언을 쓰러트리면 골드(아이템을 살 수 있는 게임 머니)를 얻게 된다. 마지막 일격을 가한 미니언이 많으면 많을수록 그에 비례하여 골드가 쌓인다. 따라서 미니언에게 마지막 공격을 입히는 것은 게임이 시작되고 끝날 때까지 끊임없이 신경 써야 하는 부분이다.

　미니언을 무찌르면서 쌓은 골드로는 아이템을 구입할 수 있다. 만약 다섯 마리의 미니언을 마지막 공격으로 쓰러트렸을 때, 상대방이 열 마리의 미니언을 마지막 공격으로 쓰러트렸다면 상대방은 나보다 다섯 마리 만큼의 골드를 더 확보하게 된다. 이 차이는 아이템을 구입할 때 드러난다. 내가 100골드만큼 아이템을 살 때 상대는 200골드만큼 아이템을 산다. 별 차이 없어 보이지만 작은 차이가 쌓이면서 차이가 점점 커지고 게임의 승패를 좌우한다. 30분가량 되는 한 판의 게임 속에서도 스노우볼이 굴러간다.

　'1학년 때부터 공부할걸, 2학년 때부터 공부할걸, 여름방학에 열심히 할걸' 수험생이 하나같이 하는 말이다. 정도의 차이가 있을지언정 수능을 앞두고 누구나 후회한다. '딱 10일만 더 있었으면. 왜 이제껏 공부하지 않았을까' 후회한들 시간은 앞으로만 흐른다. 중요한 전투에서 패배한 뒤 왜 미니언을 잡을 때 집중하지 않았을까 자책해도 소용없다. 내가 집중하지 않았을 때 누군가는 집중하고 있었고 그 순간이 서서히 쌓이면서 차이가 벌어졌으니까.

티끌모아 태산

게임 한 판을 하는 데 걸리는 30분을 고등학교 학창시절 3년에 비유해보자. 열일곱은 초반 10분이다. 미니언에게 마지막 공격을 입히는 데 몰두하고 부지런히 골드를 모아야 하는 시기다. 지금 골드를 모으지 않고 태평하게 있으면 10분 뒤, 20분 뒤에 전투에서 활약을 펼칠 수 없다. 게임에서는 상대의 상황을 볼 수 있지만 현실에서는 상대가 무엇을 하고 있는지 확인할 수 없다. 눈앞에 보이지 않는 전국의 경쟁자는 골드를 모으기 위해 지금도 미니언을 잡고 있다. 내가 누워서 유튜브를 볼 때 누군가는 영어 단어를 외우고 있다는 사실을 기억하라. 다행인 점은 수많은 열일곱이 미니언을 놓치고 있다는 점이다. 이 시기를 놓치지 않고 뭔가를 시도하는 것만으로도 상위 10% 안에 들 수 있다.

고3이 되어 골드가 이것밖에 안 모였냐며 당황하지 말고 지금부터 열심히 골드를 모으자. 티끌모아 태산, 천리 길도 한걸음부터다. 지금 보내는 하루가 쌓이고 쌓여 고등학교 3년뿐만 아니라 20대, 30대, 40대에도 영향을 미친다. '100골드만 더 있으면 강력한 무기를 살 수 있었는데.' 게임하면서 한탄한 적 없는가.

스노우볼을 굴리기 위해서는 매순간 집중하고 최선을 다해야 한다는 점을 기억하라.

2) 반복의 힘

리그 오브 레전드의 챔피언(캐릭터)은 170여명이다. 각각의 챔피언은 고유 능력 1개와 더불어 4가지 스킬을 갖고 있다. 170 × 5 = 850, 리그 오브 레전드를 제대로 플레이하려면 챔피언 170명의 이름과 850개에 달하는 기술을 숙지해야 한다. 입이 떡 벌어질 만한 숫자지만 게임을 즐기는 유저들은 챔피언의 이름과 스킬을 모두 외운다.

"아름다운 이 땅에 금수강산에…" 초등학생 시절 위인들의 이름을 외우기 위해 「한국을 빛낸 100명의 위인들」을 불렀다. 노래를 열심히 따라 불렀지만 1절을 외우기도 힘들었다. 그런데 170명이나 되는 챔피언의 이름은 다 외운다. 챔피언의 이름에는 외우기 쉬운 장치라도 마련되어 있는 걸까. 두음 법칙, 근의 공식, 동사 과거 완료형은 아무리 외우려고 애를 써도 외워지지 않는데 챔피언 170명의 이름은 어떻게 달달 외울 수 있는 걸까.

눈 감고도 챔피언의 이름을 읊을 수 있는 까닭은 역설적이게
도 외우려고 하지 않았기 때문이다. 게임을 하면서 챔피언을
다뤄보고 프로게이머의 경기도 보고 그 챔피언을 여러 번 플레
이하다 보면 자연스럽게 외워진다. 같은 반 친구들의 이름을
외우듯이 그냥 기억하는 것이다. 만약 아무런 맥락 없이 170
명의 챔피언을 외우라고 하면 금방 잊힐 것이다. 하지만 리그
오브 레전드를 한 달 동안 하지 않았다고 해서 챔피언의 이름
을 잊어버리진 않는다. 친구의 이름을 기억하는 것과 똑같다.
아무도 챔피언의 이름을 외우라고 강요하지 않지만 게임을 하
는 플레이어는 게임을 즐기기 위해 챔피언의 이름을 외운다.
당연한 것처럼.

수적천석(水滴穿石)

반복의 힘은 놀랍다. 수적천석(水滴穿石), 작은 물방울이 한
곳에 계속 떨어지면 바위도 뚫린다. 우리가 두 다리로 걷고, 가
나다라마바사를 읽고, 수저를 사용하고, 수학 문제를 푸는 것
은 모두 반복의 성과다. 처음에는 네 발로 기어 다니고, 입을
방긋방긋 옹알거리고, 받침을 잘못 쓰고, 칫솔을 집어던지기
만 했다는 사실을 기억하라. 태어나자마자 두 다리로 걷는 사

람은 없다. 수없이 넘어지고 비틀거리고 다시 일어서면서 지금처럼 걸을 수 있게 된 것이다.

처음 접하는 지식은 낯설다. 이질감이 느껴진다. 미적분 기호는 볼 때마다 속이 거북해지고 이 단어가 저 단어와 무슨 차이인지 모르겠다. 안 그래도 외워야 할 게 산더미인데 계속해서 외워야 할 게 늘어나니 뇌가 튕겨낸다. '나는 역시 머리가 나쁜가 봐, 왜 이렇게 안 외워지지'라고 자책할 필요 없다. 공식을 외우고 싶으면 외우려고 하지 말고 계속 보라. 쓰고, 또 보고, 다시 사용하라. 챔피언의 이름과 스킬을 외우듯 여러 번 접하면서 친숙해져야 한다.

S=CaR이다. Repetition, **반복해서 쓰고 틀리고 외우고 익히고 뒹굴어야 내 것으로 만들 수 있다.** 원하는 것을 단숨에 얻는 방법은 없다. 시간과 정성을 들여야 쟁취할 수 있다. 외우려고 하지 말고 자주 부대껴라. 외우려고 하지 않아야 외워진다. 챔피언의 이름처럼.

3) 실행의 힘

리그 오브 레전드는 종종 새로운 챔피언을 공개한다. 새로운 챔피언이 게임에 활력을 불어넣고 변화를 유발하기 때문이다. 새로운 챔피언이 공개되어 직접 플레이한다고 가정해보자. 게임이 시작되었다. 무엇부터 해야 할까. 여러 가지 스킬을 사용하면서 손에 맞는 챔피언인지 아닌지 가늠해야 한다. 스킬에는 어떤 기능이 있는지, 어떤 챔피언과 짝을 이루면 좋을지, 초반에 강한지, 후반에 강한지, 아이템과 상호관계는 어떤지 손에 익히면서 나름대로 판단을 내려야 한다. 새로운 챔피언이라 아직 서투르다. 실수를 남발하고 같은 편에게 핀잔을 듣지만 차츰차츰 손에 익는다. 시간이 지나면 새로운 챔피언도 다른 챔피언과 마찬가지로 플레이할 수 있는 목록에 포함된다.

새로운 챔피언을 숙달하는 방법은 무엇일까. 그렇다. 일단 선택해서 플레이하는 것이다. 해보지 않으면 챔피언을 제대로 파악할 수 없다. 공부도 마찬가지다. 새로운 개념이 쉴 틈 없이 튀어나온다. 챔피언은 서너 달에 하나씩 추가되지만 수학 책은 페이지를 넘기면 새로운 개념이 등장한다. 숙달하려면 부대껴야 한다. 새로운 개념이 나오면 '또 모르는 게 나왔어' 한탄하지 말고 새로운 챔피언을 플레이한다고 생각하라. 한두 번으로는 부족하다. 다섯 번, 열 번 이상 읽고 쓰고 되뇌어야 각인된다. 프로게이머도 챔피언이 출시된 직후에는 제대로 다루지 못한다. 프로게이머가 일반 유저와 다른 점은 남들보다 훨씬 많이 반복해서 연습한다는 것이다.

모르는 것을 알게 되는 패턴

대학교 1학년 때 과학의 역사에 관심이 생겼다. 뉴턴, 라이프니츠, 아인슈타인. 학창시절 내내 나를 괴롭혔던 과학자들의 삶이 궁금했다. 그들의 전기를 읽다가 그만 읽고 싶을 때가 많았다. 그 순간은 새로운 개념, 모르는 용어가 자꾸 나올 때였다. 새로운 개념과 용어에 익숙하지 않으면 책을 읽기 어렵다. 한글로 쓰여 있지만 한글이 아닌 것 같은 느낌, 문장의 맥락을 이해하지 못하니 책장이 넘어가지 않고 재미가 없다. 재미가 없으니 졸리고 책상 위에 엎드리게 된다.

이럴 때면 한숨 자고 일어나서 다시 책을 읽었다. 정신이 맑아지니 모르는 개념을 봐도 스트레스가 덜했다. 처음 본 용어를 서너 번 되뇌어보고 이해하려고 노력했다. 이후 다른 책을 읽을 때 얼마 전에 본 개념과 용어가 나오면 반가웠다. 알고 있는 지식이기에 페이지가 술술 넘어간다. 그러다가 또 모르는 개념과 용어를 맞닥뜨리면 하품이 나온다. 모르는 것을 배우고 익히는 패턴은 항상 같다. 처음에는 고개를 갸우뚱하고 한숨이 나오지만 알게 되고 이해하면 콧노래가 나온다. 모르는 대목이라고 기죽을 필요는 없다. 누구나 처음에는 모른다. 뉴턴도, 아인슈타인도 처음에는 아무것도 몰랐다.

욕심을 버리고 반복하라

스탠퍼드 대학교 존 크럼볼츠 교수는 『빠르게 실패하기』에서 가능한 빨리 형편없이 하라고 조언했다. "훌륭한 뮤지션이 되고 싶다면 먼저 엉망인 음악을 수없이 연주해봐야 한다. 수학의 달인이 되고 싶다면 먼저 간단한 수학 문제와 씨름해야 한다." 그의 말처럼 고수가 되려면 먼저 초보가 돼야 한다.

일단 보고, 듣고, 쓰고, 친해지자. 단, 여기서 명심해야 할 점이 있다. 다른 사람과 내 성취를 비교하지 않는 것이다. 뭐든지

금방 이해하는 친구를 보고 시샘할 필요 없다. 사람마다 쌓아온 하루가 다르기에 배경지식과 이해력이 다르다. 어떤 친구는 암기에 능하고 어떤 친구는 응용력이 좋을 수 있다. 그게 무슨 상관인가. 남이 어떤 속도로 나아가고 있는지가 아니라 내가 꾸준히 나아가고 있는지가 중요하다.

프로게이머가 새로운 챔피언을 플레이하는 것과 초심자가 새로운 챔피언을 플레이하는 게 같을 수 없다. 프로게이머는 게임의 전반적인 요소에 통달했기 때문에 금방 새로운 챔피언의 특징을 파악하고 응용한다. 초심자는 상대적으로 더 많이 연습하고 분석해야 챔피언을 숙지할 수 있다. 각자 갖고 있는 기초가 다르기에 받아들이는 과정에도 차이가 생길 수밖에 없다는 것을 기억하라.

같은 수업을 들어도 1등과 꼴지는 받아들이는 게 다를 수밖에 없다. 1등에게는 초·중학교 9년 동안 쌓은 지식과 공부 경험이 몸 깊숙이 묻어있다. 9년의 세월을 하루 만에 따라잡겠다는 욕심을 버려라. 끈기를 갖고 "꾸준히" 공부하는 것에만 몰두하라. 늦었다고 생각할 때가 가장 빠를 때다. 지금부터 시작해도 충분히 따라잡을 수 있다. 나비의 날갯짓이 태풍을 일으키는 것처럼 오늘 어떤 하루를 보내느냐에 따라 앞날이 뒤바뀐다. 가만히 있으면 태풍은커녕 미풍도 불지 않는다. 열심히 날개를 움직여야 바람이 분다. 여러분의 날개는 지금 멈춰있는가, 아니면 움직이고 있는가.

4) 집중의 힘

　게임을 시작한 지 30분이 지났다. 경기는 종반으로 치달았다. 충분히 아이템을 구비했고 마지막 전투만 남았다. 싸울 듯 말 듯 대치가 이어지고 유저들은 스킬을 쓰면서 서로를 견제한다. 두 챔피언의 육탄전을 기점으로 한타(팀간의 전체 싸움)가 시작된다. 화면 안에 10명의 챔피언이 모두 모여 마지막 전투를 벌인다. 한타에서 최우선 과제는 방어력보다 공격력이 강한 챔피언(미드, 원거리 딜러)을 먼저 처치하는 것이다. 탱커를 피해 딜러를 얼마나 빨리 잡느냐에 따라 전투의 승패가 엇갈린다. 여기에 승패를 좌우하는 요소가 하나 더 있다. 모두가 집중해서 한 챔피언에게 달려들어야 한다는 것이다. 이 챔피언 공격했다가 저 챔피언 공격하면 전투에서 승리할 수 없다. 목표를 정하고 한 명씩 쓰러뜨려야 한다. 우리 편이 먼저 쓰러지는 한이 있더라도 방어력이 취약한 챔피언을 하나씩 처치하는 것. 이게 최선의 전술이다.

　공부는 지루하다. 공부하는 도중에 자꾸 딴 생각이 난다. 시험기간에는 공부 빼고 다 재미있다. 운동도, 소설도, 다큐멘터리도 어찌나 재밌는지. 반대로 말해 하기 싫은 공부를 하면서도 집중할 수 있으면 상황이 달라진다.

한 놈만 패라

시험기간에는 많은 과목을 공부한다. 국어, 영어, 수학, 사회, 과학. 과목도 많은데 한 과목 안에서 나뉘는 출제 범위를 볼 때마다 가슴이 답답해진다. 시험까지 남은 시간은 없는데 공부해야 할 분량은 많으니 아무것도 하지 못하고 패닉 상태가 된다. 급할수록 돌아가라고 하지 않던가. 이럴 때일수록 가장 좋아하는 과목부터 먼저 공부하라.

도서관에 가면서 서너 과목의 학습지를 챙기는 학생이 있다. 그리고 도서관에 자리를 잡고 앉아 무엇을 공부할지 고민한다. 국어 책을 펼쳤다가 수학 책을 훑어보고 영어 책을 살폈다가 과학 책을 집어 든다. 하루에 모든 과목을 훑어볼 심산이었지만 어떤 과목도 제대로 공부하지 못한다. 선택지가 많으면 집중력이 분산된다. 메뉴판이 꽉 찰만큼 많은 음식을 파는 식당보다 한두 개의 음식을 파는 식당에서 주문하는 게 쉽다. 이 책, 저 책 준비한 의지는 칭찬할 만하지만 진짜로 집중하고 싶다면 한두 과목만 챙겨라. 아침에 집을 나서서 점심에 다시 집에 돌아와 다른 과목의 책을 챙길지언정 한두 과목의 책만 챙기는 것을 권한다.

어떤 상황에서도 선택과 집중은 필수다. 선택했다면 집중하라. 수학을 공부하기로 마음먹었다면 당분간 수학만 공부하라. 수학 문제를 풀었다가 영어 문제를 풀고 다시 국어 문제를 들여다보면 집중력이 흐트러진다. 시간을 정해놓고 그 과목만 공부하는 것도 좋다. 예를 들어 2시간은 수학, 2시간은 영어를 공부하는 것이다. 방어력이 약한 챔피언을 차례대로 쓰러트리는 것처럼 하나씩 집중해서 공부하라.

한 놈만 팰 때는 집요하게 한 놈만 패라. 그놈이 쓰러지거나 내가 쓰러질 때까지 말이다. 소기의 성과를 거두기 전까지는 하나에 집중하자. 수능이라는 한타에서 승리하려면 한 놈씩 공략해야 한다. 전투가 벌어지자마자 미드와 원딜에게 달려드는 내 챔피언처럼.

5) 함께의 힘

리그 오브 레전드는 5대5로 펼치는 게임, 단체전이다. 아무리 재밌는 게임이라도 혼자 즐기는 데는 한계가 있다. 다른 사람과 교류하고 가끔은 경쟁해야 흥미가 더해진다. 빨리 가려면 혼자 가고 멀리 가려면 함께 가라고 하지 않던가. 내가 프로게이머가 될 수 있었던 것도 같은 꿈을 꾸고 함께했던 동료 덕분이었다.

게임 제조사는 게임을 만들 때 여럿이서 즐길 수 있도록 안배한다. 친구 등록 기능을 통해 그 사람이 접속했는지 아닌지 알 수 있고 친구와 같은 편을 먹고 게임할 수도 있다. 서로 대화를 나누면서 게임을 하면 모르는 사람보다 호흡도 잘 맞고 유기적인 플레이를 펼칠 수 있다. 처음 보는 사람들과 축구를 하는 것보다 친한 친구끼리 축구를 하면 더 재미있는 것처럼 친구와 함께하면 게임이 더 재미있다.

1+1=2가 아니다

　공부도 마찬가지다. 혼자서 공부하는 것보다 함께 공부하는 게 나을 때가 많다. 친구와 함께 도서관에 가보자. 음료수를 마시며 고민 상담도 주고받고 밥도 같이 먹으면서. 물론 공부하러 갔으니 공부에 가장 많은 시간을 들여야겠지만. "오늘은 이 정도만 하고 PC방이나 갈까?"라는 제안은 경계하자.

　공부를 하다 보면 가끔 사무치게 공허해진다. '나는 왜 공부하고 있는 걸까, 내가 원하는 미래는 무엇일까, 이게 살아가는 데 무슨 도움이 될까, 나만 이렇게 힘든 걸까' 청승맞게 고민한들 뚜렷한 답을 찾지 못하고 헛헛하다. 이럴 때도 친구와 대화를 나누면 한결 낫다. 마음이 울적할 때 곁에 있는 친구는 존재만으로도 위안이 된다.

　게임을 함께하면 시너지 효과가 나듯이 친구와 같이 공부하면서 성적을 올려보자. 모르는 것이 있으면 친구에게 물어보고 친구가 모르는 것을 물어오면 성심성의껏 알려주자. 주입받는 정보는 객관적이다. 1+1=2, 그걸로 끝이다. 머릿속으로 들어온 지식이 머릿속에서 다시 빠져나갈 때 비로소 진짜 지식이 된다. 모르는 것을 물어보고 질문에 답변하는 과정은 그야말로 최고의 효율을 자랑하는 학습 과정이다. 물어보려면 무엇을 모르는지 알아야 하고 가르쳐주려면 무엇을 알고 있는지 알아야 한다. 머릿속이 쉴 틈 없이 돌아가는 공부의 극치, 그래서 고대의 철학자와 조선의 왕은 학자들과 토론했다. 아는 것을 읊고 모르는 것을 물어보며 토론하는 게 최고의 공부였던 것이다.

혼자만의 시간은 중요하다. 새로운 지식을 습득하고 체화하려면 충분한 시간에 걸쳐 반복 학습해야 한다. 오롯이 혼자만의 시간을 만끽했다면 친구와 함께 나누는 시간도 즐겨보자. 나와 친구의 생각이 교차하면서 앎이 더욱 견고해질 것이다.

6) 인내의 힘

프로의 경기를 시청하면 간혹 억제기(기지를 지키는 마지막 건물)가 파괴되고도 역전하는 경우가 있다. 중계진마저 "이제 곧 끝나겠네요."라고 말한 경기에서도 선수들은 포기하지 않는다. 선수들의 눈빛을 보면 이기겠다는 의지가 느껴진다. 상대방의 공세를 막고, 버티고, 견디다가 실수를 놓치지 않고 역전의 발판을 마련한다. 산전수전 다 겪은 프로의 경기에서도 역전, 재역전이 심심치 않게 나온다.

내가 프로게이머로 활동할 때도 여러 번 경기를 역전했다. 경기를 지켜보던 관객뿐만 아니라 같은 팀 동료마저 졌다고 생각한 경기도 있었지만 나는 포기하지 않았다. 갖고 있는 병력과 건물을 모두 잃기 전까지는 마우스와 키보드를 부지런히 움직였다. 그런 집념이 상대를 조급하게 만들었고 역전의 시발점이 되었다.

대학을 다닐 때 한 교수님은 말했다. 공부는 엉덩이로 하는 거라고. 의자에 엉덩이를 붙이는 시간과 비례해서 학습 효과가 커진다는 의미였다. 교수님은 공부가 되지 않는 날에도, 마냥 놀고 싶은 날에도 의자에서 엉덩이를 떼지 말라고 덧붙였다.

공부할 때는 엉덩이가 무거워야 한다. 엉덩이는 의지를 상징하는 신체부위다. 공부는 머리와 손으로 한다고 생각하기 쉽지만 온몸을 사용하는 고도의 신체활동이다. 허리를 곧게 펴고, 두 발을 가지런히 모으고, 눈동자와 입술에는 힘을 주고, 배를 살짝 넣으면서 공부해야 한다. 허리를 축 늘어뜨리고 다리를 쩍 벌리고 눈이 풀린 상태에선 제대로 공부할 수 없다. 공부한 부분을 기필코 정복하고 말겠다는, 포기하지 않고 덤벼들겠다는 의지를 갖고 책을 펼쳐야 한다.

지려고 게임하는 사람은 없다

"바로 앉아서 제대로 공부해" 말은 쉽다. 모든 일이 말처럼 되면 얼마나 좋을까. 이내 집중력이 흐려진다. 의기양양하게 책을 펼쳐도 모르는 부분에선 한숨이 나오고 몸이 처진다. 게임할 때도 똑같다. 자세를 바로 잡고 플레이하다가 패색이 짙어지면 몸이 늘어진다.

어떻게 하면 끝까지 집중력을 유지할 수 있을까. 불리해도 포기하지 않았던 프로게이머들의 모습에서 영감을 얻을 수 있다. 왜 그들은 다 진 상황에서도 저렇게 열심히 하는 걸까. 간단하다. 지는 게 싫기 때문이다. 지려고 게임하는 사람은 없다. 게임을 시작한 이상 이겨야 한다. 그래서 기를 쓰고 마우스와 키보드를 두드리는 것이다. 승부욕, 상대와 경쟁해서 이기려는 욕구가 투지를 불러일으킨다. 승부에 대충은 없다. 끈질기고 집요하게 덤벼들어야 승리할 수 있다.

수능이라는 시합에서 지려고 공부하는 사람은 없을 것이다. 일단 게임에 참여한 이상 이겨야 한다. 공부할 때는 '누가 이기나 한번 보자'는 마음가짐으로 엉덩이에 힘을 주자. 예를 들어 1시간 동안 수학을 공부하기로 계획했다면 1시간 동안은 수학에 전념하자. 문제의 공세에 당황하지 마라. 오기를 갖고 문제를 풀어라. 어떻게 문제를 풀어야 하는지 골똘히 생각하고 맹렬하게 몰두하라. 모르는 문제가 나와도 기죽을 필요 없다. 모르니까 공부하는 것 아닌가. 밀리지 말고 들이대라. 공부에 지지 말고 이겨내라. 온전히 1시간 동안 집중하고 시간을 정복했다는 성취감을 느껴라.

조금이라도 불리해지면 마우스에서 손을 떼는 선수가 되고 싶은가, 지더라도 끝까지 최선을 다하는 선수가 되고 싶은가. 한판 졌다고 지레 포기하는 선수가 되고 싶은가, 이기는 법을 찾는 선수가 되고 싶은가. 경기에 뛰어들었다면 승패를 떠나 최선을 다하는 선수가 돼야 한다. 수능을 넘어 인생이라는 거대한 경기에서 후회를 남기지 않기 위해 눈에 힘을 주고, 허리를 곧추세우고, 의자에 엉덩이를 밀착시켜라.

7) 성취의 힘

리그 오브 레전드의 랭킹전(승패에 따라 등급을 나누는 경기, 승리할수록 등급이 높아지고, 패배할수록 등급이 낮아진다) 시스템은 유저를 배려한다. 나와 비슷한 실력을 갖춘 상대와 게임할 수 있도록 자동으로 경기를 주선한다. 나보다 월등히 뛰어난 유저도, 나보다 꽤 부족한 유저도 상대로 만나지 않는다. 나와 같은 등급인 상대 또는 나보다 등급이 약간 위거나 아래인 유저를 만나게 된다.

이러한 랭킹전은 리그 오브 레전드뿐만 아니라 여러 게임에서 운영하는 시스템이다. 나보다 터무니없이 잘하는 사람을 만나거나 너무 손쉬운 상대를 만나면 흥미가 떨어진다. 비등비등하게 전투를 벌이다가 끝내 승리를 따냈을 때 성취감이 생긴다. 아슬아슬한 경기 끝에 얻는 성취감은 게임을 한판 더 하게 만든다. 사람의 심리를 파고드는 게임사는 엇비슷한 실력을 갖춘 유저끼리 게임할 수 있도록 시스템을 구축한다.

몰입을 유발하는 난이도

사람은 과업을 수행할 때 난이도의 영향을 받는다. 가장 좋은 것은 감당할 수 있는 수준보다 약간 더 어려운 과업이다. 지금의 역량으로는 할 수 없는 일 또는 터무니없이 쉬운 일에는 몰입하기 어렵다. 수학 문제를 예로 들면, 대학 교수가 연구할 법한 주제를 학생이 풀 순 없다. 아무리 오랫동안 관련 논문을 들여다보고 공부한들 소용없다. 난이도가 높기 때문이다. 반대로 한 자리 수 덧셈, 뺄셈, 곱셈 문제를 풀라고 하면 너무 쉬워서 재미없다. 난이도가 낮기 때문이다.

새로운 게임을 시작했다고 가정해보자. 게임 시스템은 플레이하는 방법을 하나부터 열까지 알려준다. 마치 부모가 갓난아이를 다루듯이 게임에 적응할 수 있도록 안내한다. 그리고 유저의 실력에 맞춰 서서히 과제의 난이도를 높인다. 앞서 언급한 랭킹전 시스템과 같은 맥락이다. 적절한 난이도를 부여해서 게임에 몰입시키고 흥미를 유발한다.

사람마다 느끼는 난이도는 제각각이다. 고등학생에게 대학교 수학은 어렵지만 대학 교수는 눈을 감고도 풀 수 있다. 초등학교 4학년생에게 중학교 수학은 어렵지만 구구단은 쉽다. 교수에게는 교수에게 어울리는 연구 과제를, 초등학생에게는 초등학생에게 맞는 학습을 하는 게 효율적이다.

금방 잊히는 서툴렀던 과거

사람마다 다르게 난이도를 느끼는 것은 당연하다. 사람은 모두 다르니까. 자라온 환경이 다르고 관심 분야도 제각각이다. 어떤 사람은 영어를 좋아하고 어떤 사람은 수학을 좋아한다. 그래서 모든 분야에 대해서 느끼는 난이도는 제각각이다. 영어 성적은 상위 5%인 학생이 수학 성적은 상위 50%일 수 있다. 수학 성적이 영어 성적만큼 좋지 않다고 부끄러워할 게 아니다. 영어는 영어대로, 수학은 수학대로 자기 수준에 맞게 공부하면 된다.

이를테면 수학 문제를 풀 땐 너무 어려운 문제, 너무 쉬운 문제는 넘어가고 풀 만한 문제 위주로 학습하자. '이 문제는 도전해도 되겠는걸.' 싶은 문제를 집중적으로 풀어라. 어려운 문제를 틀렸다고 좌절할 필요도 없고 쉬운 문제를 맞혔다고 기고만장할 필요도 없다.

나와 비슷한 기량을 갖춘 유저를 이기면서 랭킹을 올리는 것처럼 내게 알맞은 문제를 풀면서 실력을 점점 키우는 거다.

우리는 서툴렀던 지난날을 쉽게 잊는다. 프로게이머가 되면 게임에 서툴렀던 과거가 잘 떠오르지 않는다. 마치 엄청난 재능을 타고 나서 처음부터 게임을 잘했던 것만 같다. 마찬가지로 수학의 고수가 되면 간단한 문제를 풀지 못해 허우적대던 모습이 기억나지 않는다. 구구단을 외우지 못해 힘들었던 순간이 기억나는가. 그 시절엔 구구단을 외우느라 고생했겠지만 지나고 보면 아무것도 아니다.

1095일

게임을 잘하는 방법과 공부를 잘하는 방법은 같다. 지금보다 나아지겠다고 마음먹고 적절한 난이도에 맞춰 꾸준히 연습하면 된다. **기량이 오르면 흥미를 느끼게 되고 흥미가 생기니 더욱 몰두하게 된다.** 게임과 공부뿐만 아니라 모든 활동이 마찬가지다. 달리기, 수영, 독서, 작곡, 연주, 노래, 글쓰기, 분야를 막론하고 전부 똑같다. **어제보다 나아지고 싶다는 의지를 갖고 몰두하면 어제보다 나아진다.**

고등학교 3년은 길다. 3년을 일수로 환산하면 1095일이다. 1000일이 넘는 하루하루를 어떻게 보내느냐에 따라 1000일 뒤가 결정된다. 마음만 먹으면 무엇이든 이룰 수 있는 시간이다. 선생님의 말씀이 외계어 같은가, 아무리 공부해도 모르겠다고? 괜찮다. 처음부터 시작하면 된다. 이해할 수 있는 지점으로 되돌아가서 거기서부터 시작하라. 초등학생, 중학생 수준으로 돌아가서 다시 공부하라. 부끄러워하거나 기죽지 말고 1000일 뒤를 생각하라. 1000일 뒤에 웃을 수 있느냐 없느냐에 초점을 맞추자. 고등학교 3년을 헛되게 보내지 않았다고 스스로 만족할 수 있어야 한다.

지금 이 순간에도 1000일 중에 하루가 지나간다. 시간은 잡을 수도 없고 되돌릴 수도 없다. '1000일 중에 고작 하루인걸.'이라고 합리화하며 오늘을 허투루 흘려보내지 마라. 오늘 무엇을 실천했고 무엇을 깨달았느냐가 마음 한구석에 켜켜이 쌓이고 있다. 원하는 것을 이루는 사람들의 특징은 시간을 귀중히 여긴다는 것이다. 오늘 하루는 1일이지만 1일이 누적되면 금세 10일, 100일이 된다. 3년 전을 되돌아보라. '그때부터 이걸 시작했어야 했는데'라고 후회한 적 없는가. 다시 1000일이 지나 '아, 너무 늦었다. 이럴 줄 알았으면 진작 공부할걸.'이라며 또다시 후회할 것인가.

8) 질문의 힘

　프로게이머를 꿈꿨던 열일곱, 한창 게임에 푹 빠진 나는 고수를 찾아다녔다. 지금보다 실력을 키우려면 고수에게 배워야 했다. 나보다 잘하는 사람과 게임을 하고 나보다 잘하는 사람의 경기를 시청했다. 고수들과 어울리며 부족한 점을 고치고 그들의 플레이를 흉내 냈다. 방송 경기가 있는 날에는 TV 앞에서 집중했다. 만약 내가 저 선수라면 같은 상황에서 어떻게 플레이했을까. 그들의 플레이와 내 생각을 비교했다.

　새로운 게임을 시작할 땐 마냥 재밌다. 시간을 들이는 만큼 실력이 는다. 하지만 게임을 즐기는 것과 프로를 목표로 삼는 것은 다르다. 일반인의 수준을 넘어 프로의 반열에 올라서려면 많은 시간과 노력을 들여야 한다. 투자하는 시간과 실력이 비례하지 않을 때도 많다. 열심히 해도 실력이 정체될 때가 허다하다.

부끄러운 행동

처음에는 혼자서도 실력을 키울 수 있다. 하지만 나중에는 다른 사람의 도움을 받아야 한다. 공략을 읽거나, 커뮤니티 사이트를 둘러보거나, 고수의 플레이를 보면서 실력을 키워야 한다. 게임뿐만 아니다. 무엇이든 실력을 키우기 위해선 나보다 잘하는 사람에게 한수 배워야 한다. 그래서 우리는 선생님에게 수업을 듣고 강사에게 강의를 듣는다.

공부하기로 마음먹었다면 마음 깊숙한 곳에 숨어있는 자존심, 열등감, 패배의식을 버리자. 인정하자. 성적이 나쁜 까닭은 공부하지 않았기 때문이다. 내가 부족하다고 인정하면 다른 사람에게 물어보는 게 부끄럽지 않다. 마음 한구석에 자격지심이 남아있으면 자존심을 부리게 된다. 궁금하지만 물어보지 않고 다른 사람이 배려해도 받아들이지 못한다. 충고와 조언이 질책과 설교로 느껴진다. 교육 시스템에 반감이 들고 자꾸 남 탓을 하게 된다. 모든 일의 진짜 원인은 내 안에 있는데 말이다.

수도승이 되었다고 생각하고 마음을 비워라. 처음부터 다시 시작하라. 나는 아무것도 모르는 바보라고 생각하라. 처음 보고, 처음 듣고, 처음 배우는 것에 호기심을 갖고 궁금한 게 있으면 아무나 붙잡고 물어보라. 모르는 것을 알고 싶고, 알고 싶으면 찾아보고 싶고, 찾아봐도 모르겠으면 다른 사람에게 물어보고 싶은 것은 자연스러운 배움의 과정이다. 모르는 걸 봐도 그러려니 하고, 물어보지 않으면 지금보다 앞으로 나아갈 수 없다. **무지한 것을 부끄러워하지 말고 정체되는 것을 부끄러워해야 한다. 조금씩이라도 어제보다 나아져야 한다.**

고수를 찾아라

메이저리그 야구 선수 이정후는 경기장에서 무슨 생각을 하냐는 질문에 다음과 같이 답했다. "4타수 4안타를 친다는 생각이요. 홈런도 치는 생각도 하고요. 경기가 있을 때마다 그런 생각을 해요. 비관적인 표현을 싫어해요. 특히 해보기도 전에 안 된다고 하는 걸 정말 싫어해요. 해보기도 전에 걱정을 왜 해요. 일단 해보고 어려우면 더 열심히 노력하면 되죠."

지금 어떤 수준에 있든지 항상 최고가 되는 것을 꿈꿔라. 최고를 흠모하고 최고를 동경하라. 서울대에 들어가는 것을 목표로 삼고 서울대에 들어갈 사람처럼 행동하라. 반에서 공부를 제일 잘하는 친구를 벤치마킹하라. 프로게이머가 되기 위해서는 프로의 경기를 흉내 내야 하는 것처럼 공부를 잘하기 위해서는 1등의 행동을 흉내 내야 한다. 자존심을 버리고 눈앞에 보이는 사람 중에 가장 뛰어난 사람의 행동을 유심히 관찰하라. 그가 수업 시간, 쉬는 시간, 자습 시간에 무엇을 하는지 보고 왜 그렇게 하는지 곰곰이 생각해보라. 유심히 관찰해도 그들의 비결을 모르겠으면 직접 물어보라. 상대가 질문을 받으면 귀찮아할 것이라고 지레짐작하지만 질문을 받는 사람은 그렇게 생각하지 않는다. 질문은 관심의 표현이다. 관심을 받은 사람은 본능적으로 그 관심에 보답하려고 한다. 친구에게 질문을 받았을 때 기분이 어땠는가, '낮잠을 자야 하는데 왜 귀찮게 물어보는 거야'라고 생각했는가, 아니면 나도 모르게 손발을 동원해서 열심히 알려주었는가. 호의에는 호의로 관심에는 관심으로 응대하는 게 소통의 이치다. 나를 내려놓으면 주변에서 벌어지는 모든 상황에서 배울 수 있다.

가장 좋아하는 프로게이머와 저녁을 먹을 수 있다고 상상해보자. 아마 신이 나서 이것저것 물어볼 것이다. 어떻게 프로게이머가 되었는지부터 시작해서 몇 시에 잠을 자고 몇 시에 일어나는지, 아침 점심에는 뭘 먹는지, 하루에 몇 시간 연습하고 몇 시간 자는지, 어떻게 자기관리를 하는지 물어볼 것이다. 프로게이머보다 실력이 부족하다고 부끄러워할 필요가 있을까. 오히려 자존심을 내세우지 않고 대화할 수 있기에 진짜 궁금한 것을 물어볼 수 있다. 우리 반 1등을, 전교 1등을, 눈에 보이지 않는 전국 1등을 향해 촉수를 곤두세우고 그들처럼 되기 위해 노력하라. 이미 벌어진 차이를 좁히려면 마음의 벽을 허물고 그들에게 다가가는 것밖에 없다. 눈을 감고 망치를 들어라. 자존심, 자격지심이라는 유리벽을 망치로 내려쳐라.

9) 분석의 힘

승부는 상대적이다. 게임에서 승리하려면 내가 잘해야겠지만 그것보다 상대보다 조금 더 잘하는 것이 관건이다. 내가 실수를 연발해도 상대가 나보다 더 많이 실수하면 이길 수 있다. 반대로 내가 아무리 좋은 플레이를 선보여도 상대가 나보다 더 잘하면 진다. 상대보다 더 좋은 모습을 보여주는 것. 이게 승리의 공식이다.

따라서 승리하려면 상대의 상황을 지속적으로 살펴야 한다. 상대의 레벨이 나보다 높은지 낮은지, 아이템을 견주었을 때 싸워도 되는지 안 되는지, 눈앞에 보이지 않는 상대가 어디로 갔는지 상대의 현주소를 실시간으로 파악하고 그에 맞게 대책을 세워야 한다. 상대가 초반에 다른 챔피언을 무찌르고 성장했다면 몸을 사려야 할 테고, 반대로 내가 상대보다 유리한 고지를 점령했다면 차이를 더 벌리기 위해서 공격적으로 플레이해야 한다. 지피지기면 백전불태, 아무도 알려주지 않았지만 우리는 게임하면서 손자병법을 적극적으로 활용한다.

출제자의 의도

　게임을 할 때 상대의 전략을 파악해야 하는 것처럼 문제를 풀 때는 출제자의 의도를 파악해야 한다. 기계처럼 문제를 푸는 데 치중하는 게 아니라 시간이 오래 걸리더라도 문제의 의도를 반추하자. 당장은 한 문제를 푸는 데 시간이 오래 걸릴지 모르지만 멀리 내다보면 오히려 문제를 푸는 시간을 줄여줄 것이다. 문제의 의도를 정확하게 이해하면 다음에 비슷한 유형의 문제를 마주했을 때 손쉽게 풀 수 있기 때문이다.

　출제자의 의도가 무엇일까, 어떤 생각으로 이런 문제를 만들었을까 고민하려면 여유가 있어야 한다. 조급하면 문제가 아니라 답에 매몰된다. 정답을 맞혔는지 아닌지에만 매몰되고 문제 의도와 풀이 과정은 대수롭지 않게 여기게 된다. 템포를 늦춰라. 나무늘보가 되었다고 생각하면서 몸도 머리도 천천히 움직여라. **문제를 빨리 푼다고 성적이 오르는 게 아니다. 답을 맞혀야 성적이 오르는 것을 기억하라.** 한 문제를 푸는 데 시간이 걸리더라도 문제를 통해서 무엇을 배우고 익히느냐가 훨씬 중요하다. 이제 문제를 다 풀었다고 좋아할 나이는 지났다. 같은 시간을 공부하더라도 양이 아니라 질로 승부를 봐야 할 때다.

객관식 문제라면 답을 맞힌 다음 나머지 보기가 왜 틀렸는지 따져보라. 다섯 개의 보기에서 두 개가 헷갈리는 경우가 있다. 이것도 답인 것 같고 저것도 답인 것 같을 때 왜 헷갈렸는지 들여다보자. 문제를 꼭꼭 씹어 먹겠다는 마음으로 천천히 음미하는 것이다. 예를 들어 조선 시대의 언론 기관이 어디냐는 문제를 접했다고 하자. "조선 시대의 언론 기관은 어디인가요?"라는 1차원적인 문제는 나오지 않는다. 이 기관에서 벌어진 일화를 소개하며 이곳이 어디인지 물어본다. 차분히 문제를 읽고 '조선시대의 언론기관이 어디인지 물어보는 문제구나.'라는 생각에 이르러야 한다. 그다음에는 보기를 보라. 정답은 사간원이다. 신라, 고려 시대의 언론기관이 보기에 있다. 보기에 있는 기관이 어느 시대의 것이며, 무슨 일을 했는지 아리송하다면 이 문제를 기회 삼아 한 번씩 훑어보라. 그리고 한자말의 의미까지 되새겨보라. 사간원(司諫院)은 맡을 사(司), 간할 간(諫), 집 원(院) 자가 합쳐진 말이다. 간하는 일을 맡은 곳이라는 뜻이다. 사간원은 왕에게 간쟁하고 신료를 탄핵하며 정치·인사의 언론을 담당하는 곳이다. 문제를 풀면서 출제자의 의도뿐만 아니라 보기의 내용까지 살피면 오래 기억에 남고 다음에 비슷한 문제를 풀 때 훨씬 쉽게 풀 수 있다.

시험 출제자가 만드는 문제

수능 문제를 만들기 위해 교수들은 한동안 외출도 못하고 합숙한다. 수능 출제위원장은 말한다. "교육과정의 내용과 수준을 충실히 반영하고 대학 교육에 필요한 수학능력을 측정할 수 있도록 출제했다. 특히 교육과정의 핵심적이고 기본적인 내용을 중심으로 검토했다."

여러분이 수능 문제를 출제하는 교수가 되었다고 생각해보라. 어떤 문제를 어떤 방식으로 출제할 것인가. 어려운 문제를 내면 난이도가 높다고 원성을 사고 쉬운 문제를 내면 변별력이 없다고 원성을 산다. 만약 내가 수능 문제 출제 위원이라면 단순히 교과서를 암기해서 풀 수 있는 문제가 아니라 내용을 충분히 이해하고 생각해야 풀 수 있는 문제를 낼 것이다. 실제로 수능 문제를 출제하는 교수들은 그렇게 문제를 낸다.

상대방이 어떤 아이템을 갖고 있는지 살피고 어떤 꿍꿍이를 감추고 있는지 예측해야 하는 것처럼 문제를 풀면서 어느 단원의 어느 부분인지를 알고 무엇을 물어보는 문제인지 이해하는 습관을 길러보자. 문제를 푸는 데 급급한 나머지 문제가 만들어진 배경을 생각하는 게 쉽진 않을 것이다. 그렇지만 단순히

문제를 풀고 채점하고 끝내는 게 아니라 문제를 풀기 전에 생
각해보는 시간을 잠시 갖는 것, 이를 반복할수록 공부가 즐거
워진다는 것을 기억하자.

10) 조망의 힘

로딩이 끝나고 게임이 시작된다. 각자의 구역으로 챔피언을 이동시킨다. 곳곳에서 마주치는 상대방과 전투를 벌인다. 직접 컨트롤하는 챔피언을 포함해 다섯 명의 챔피언의 위치가 화면 아래 미니맵에 표시된다. 팀 게임의 특징은 내가 잘했다고 이기는 게 아니라는 점이다. 내가 아무리 잘해도 우리 편이 실수를 연발하면 패배한다. 반대로 내가 아무리 못해도 우리 편이 빼어난 활약을 펼치면 승리한다. 따라서 무엇보다 중요한 것은 개인기가 아니라 팀원들과의 유기적인 소통이다. 아군이 처한 상황을 정확하게 파악하고 전체적인 흐름을 읽으면서 플레이하면 승리할 확률이 높아진다.

게임을 공부로 바꿔보자. 공부할 때는 과목의 커리큘럼 중에서 어디를 공부하고 있는지 파악해야 한다고 말했다. 나는 그러지 못했다. 고등학교를 졸업하고 20년이 지나 그때를 돌이켜보면 당장 해야 하는 일에만 몰두했던 것 같다. 그때그때 주어지는 숙제, 시험에만 신경 썼다. 공부할 시간은 넉넉한데도 뭐가 그렇게 급한지 숲을 보지 못하고 나무의 껍질만 뚫어지게 쳐다봤다. 지금 공부하는 단원이 다른 단원과 어떤 관계를 가지는지, 앞에서 공부한 게 뒤에 어떻게 연결되는지 생각하지 못했다. 생각하는 게 귀찮았다. 해야 할 일을 빨리 끝내고 게임을 하고 싶었다. 고민하고 사색하는 데 익숙하지 않았다. 그저 주어진 교과서를 펼치고, 선생님이 칠판에 쓰는 내용을 베껴 쓰고, 시험에 나온다고 하는 부분을 밑줄 긋고 달달 외웠다. 남이 보기에는 열심히 공부하는 것처럼 보였을지 모르겠다. 하지만 진정한 공부는 아니었다. 큰 그림을 그리지 못하고 지엽적인 부분에만 매달렸다.

전체를 살피는 사람이 승리한다

수시로 미니맵을 살피고 전황을 분석하며 게임해야 승리하듯이 한 과목이라는 지도 안에서 지금 공부하고 있는 부분은 어디인지 짚어보자. 국어를 예로 들면, 지금 보고 있는 지문이 문학인지 비문학인지, 시인지 소설인지, 지문의 특징은 무엇이며 글쓴이의 다른 작품은 무엇이 있는지 1분 정도 시간을 내서 생각하자. 당장 끝내야 하는 공부에 방해가 된다고 느낄 수도 있다. 하지만 상기하라. 우리의 목표는 수능에서 좋은 성적을 거두는 것이다. 조급하면 실패한다. 눈앞의 전투에서 승리하는 것도 중요하지만 2년 뒤의 전쟁에서 승리하는 것이 더 중요하다. 전쟁에서 승리하려면 높은 곳에서 전황을 내려다봐야 한다. 눈앞에서 어지럽게 펼쳐지는 상대 챔피언의 스킬을 피하면서도 앞으로 어떻게 경기를 운영할지, 우리 편은 지금 무엇을 하고 있는지 살펴야 한다.

성공은 하루아침에 이루어지지 않는다. 성과를 내려면 짧게는 며칠, 길게는 몇 년을 투자해야 한다. 성공한 사람들은 우직하다. 그들은 묵묵히 나아간다. 비가 오나 눈이 오나 뚜벅뚜벅 걸어간다. 산봉우리에 오르려면 수천걸음을 걸어야 하듯이 원하는 곳에 닿기 위해선 끊임없이 걸어야 한다. 반복이 반복처럼 느껴지지 않을 때 비로소 원하는 것이 눈앞에 보이기 시작한다.

4장

Success, 성공이 성공을 부른다

1) 수영장에서 가장 당당한 사람

날씨가 더워지기 시작한다. 여름이 되면 많은 사람들이 수영을 배운다. 그들의 틈에 끼어 한때 수영을 배웠다. 첫 강습 날이 기억난다. 삼삼오오 수영장에 모인 사람들. 그중에서 가장 당당한 사람은 누구였을까. 어깨가 딱 벌어진 사람? 비싼 수영복을 입고 있는 사람? 아니다. 수영장에서 가장 편한 눈빛을 하고 있는 사람은 강사다. 강사의 걸음걸이에는 여유가 흐르고 얼굴에는 자신감이 넘친다. 강사는 수강생에게 농담을 건네고 자연스럽게 대화를 주도한다.

나처럼 처음 수영을 배우러 온 사람들은 어떻게 행동했을까. 쭈뼛쭈뼛 수영장 구석을 배회하다가 강사의 등장에 맞춰 강사 주변으로 모였다. 수영할 땐 자신 있게 팔다리를 움직이지 못하고 어리바리하기 일쑤였다. 마치 대대장을 만난 이등병이 된 느낌, 어깨가 잔뜩 움츠러들고 왠지 있으면 안 되는 곳에 온 기분이 들었다.

강사가 어깨를 으쓱하는 이유

강사가 수영장에서 당당하게 행동할 수 있는 이유는 무엇일까. 자기만큼 수영을 잘하는 사람이 없기 때문이다. 이 구역의 포식자는 강사다. 강사는 수강생보다 수영을 잘한다. 수강생은 강사의 가르침에 집중한다. 그래서 자신감이 생기는 것이다. 만약 국가대표 선수들이 모인 곳에서도 강사가 자신 있게 행동할 수 있을까.

더불어 내가 첫 강습에서 움츠러들었던 이유는 무엇일까. 수영을 못하기 때문이다. 수영장은 수영하는 곳인데 수영을 할 줄 모르니까 나도 모르게 쭈뼛거린 것이다. 그런데 이상하지 않은가. 수영을 배운 적이 없는 초심자라면 수영을 못하는 게 당연하다. 처음부터 수영을 잘하는 사람이 어디 있겠는가. 못하니까 잘하고 싶어서 돈을 내고 배우는 것 아닌가. 그냥 편안하게 배우면 되는데 왜 자신 있게 행동하지 못했을까. 나보다 잘하는 사람 앞에서 기가 죽었기 때문이다.

학교 안에서도 수영장과 비슷한 일이 벌어진다. 공부를 잘하는 친구는 자신감이 넘친다. 모르는 부분이 있으면 선생님에게 물어본다. 자기가 어려우면 다른 사람도 어려울 것이라고 생각한다. 당당하고 여유롭다. 반대로 공부를 못하는 친구는 어딘가 위축되어 있다. 수업 시간에 질문은커녕 선생님에게 지목받을까 봐 전전긍긍한다.

일본 경영계의 대부 이나모리 가즈오는 『성공의 요체』에서 말했다. "원인은 반드시 결과를 만듭니다. 원인이 원인인 채로 남아 있는 경우는 없습니다. 석가모니는 연(緣)에 의해 과(果)가 생긴다고 이야기했습니다. 생각과 행동이 업을 만듭니다."

지금과 달라지기 위해서는 지금과 다르게 행동해야 한다. 평소와 똑같이 행동하면서 달라지기를 바라는 것은 그릇된 욕심이다. 운동하지 않으면 건강해지지 않듯이 공부하지 않으면 성적이 오르지 않는다. 인정하자. 기대만큼 성적이 좋지 않은 까닭은 공부하지 않았기 때문이다. 이제 달라지자. 꼿꼿하게 앉아서 공부하면 성적은 오른다. 공부해야 하는 이유를 몰랐기에 공부하지 않았을 뿐 마음만 먹으면 할 수 있다. 꿈을 꿔야 이룰 수 있고 움직이면 앞으로 나아간다.

실력 상승의 선순환

수영을 배운 지 두 달이 지났다. 어설프지만 자유형을 익혔다. 초급자 레인에서 중급자 레인으로 이동했다. 강습에 집중하는 만큼, 연습하는 만큼 실력이 는다. 강사는 수강생이 수영을 배울 수 있도록 도와주는 사람일 뿐이다. 강사보다 수영을 못한다고 해서 기죽을 필요 없다. 초급자 레인에 두 달 전의 나처럼 수영을 배우려는 사람들이 모였다. 호흡법과 물차기를 배우는 수강생들을 보며 깨닫는다. '두 달 동안 많이 늘었구나.' 연습하면 실력이 는다. 만고불변의 진리다. 과거를 돌아보면 얼마나 발전했는지 알게 된다. 자신감이 샘솟는다. 자신감은 더 열심히 연습하게 만드는 원동력이 된다. 연습을 하면 또 실력이 는다. 다시 자신감이 샘솟는다. 성장의 선순환에 들어선다.

공부도 마찬가지다. 제대로, 꾸준히 공부하면 반드시 성적이 오른다. 성적이 올랐다는 성취감은 자신감으로 연결되고 더욱 공부에 빠져들게 만든다. 진심을 다하면 나보다 잘난 친구에게도 물어볼 용기가 생긴다. 모르는 게 부끄러운 것이지 물어보는 게 부끄러운 것이 아니다. 더 이상 수업시간에 선생님의 지목을 받을까 봐 염려하지 않는다. 모르는 걸 물어보면 모른다고 대답하고 나중에 공부하면 된다. **진심을 다 하면 수동적인**

공부가 능동적인 공부가 된다. 어느덧 하위권에서 중위권, 상위권으로 수직상승한다.

요즘에는 수영이 재미있다. 나보다 빠른 사람을 봐도, 나보다 폼이 좋은 사람을 봐도 개의치 않는다. 두 팔을 휘젓고 두 다리를 흔드는 게 즐겁다. 바닥에 닿지 않고 헤엄칠 수 있는 거리가 늘어난다. 물에 뜨지 못해 부끄러웠던 것은 지나간 추억이다. 지금보다 수영에 시간을 할애하면 더욱 실력을 키울 수 있을 것이다. 시간을 내고 실천을 해서 새로운 스킬을 익힌 것이 만족스럽다.

수영은 자세가 가장 중요하다. 자세가 흐트러지면 물의 저항을 많이 받는다. 빨리, 그리고 오래 헤엄치려면 머리부터 발끝까지 일직선을 유지해야 한다. 공부에서도 가장 중요한 것은 자세다. 어깨를 펴고 허리를 곧추세우고 두 발을 가지런히 모아라. 자신감을 얻고 싶으면, 어느 누구 앞에서도 기죽지 않으려면 매순간 올바른 자세로 최선을 다하라.

2) 실력과 재미

　프로게이머가 되고 싶어서 게임에 매진했던 열일곱, 하루하루 일취월장했다. 게임을 하면 할수록 실력이 느는 게 느껴졌다. 부산에서 개최한 각종 대회에서 입상하면서 자신감이 생겼고 더욱 게임에 몰입했다. 열여덟에 전국대회 본선에 진출했고 어느 순간부터 프로게이머라는 수식어가 낯 뜨겁지 않을 만큼 성장했다. 하지만 시작은 동네 PC방 대회였다. 친구와 PC방 대회에 출전하여 입상했고 10시간 무료 이용권을 얻은 게 첫걸음이었다.

　처음에는 스타크래프트가 재미있어서 플레이했다. 개성 있는 세 가지 종족, 몰입을 유발하는 배경 음악, 박진감 넘치는 전투, 새롭게 알게 되는 전략과 전술, 활발하게 운영되는 온라인 커뮤니티. 그야말로 완벽한 게임이었다. 친구들끼리 자체 리그전을 꾸려서 경기를 펼쳤다. 이긴 사람은 진 사람을 놀렸고 놀림 받지 않기 위해 열심히 연습했다. 그렇게 시간을 보내다 보니 어느덧 프로의 문을 두드리고 있었다.

실력을 키우는 두 가지 방법

프로게이머가 될 정도로 게임에 빠졌던 이유는 간단하다. 재밌는데다가 잘했기 때문이다. 상대에게 이기면서 느끼는 짜릿함과 성취감이 게임을 더 재미있게 만들었다. 간혹 프로게이머와 게임을 해서 이길 때는 나도 프로게이머 못지않구나 싶었다. 프로게이머가 되고 나선 주변 사람의 시선이 달라졌다. 친구들이 나를 인정했고 게임에 접속하면 한판 하자는 요청이 쇄도했다. 인정받을수록 더 잘하고 싶은 욕심이 생겼다.

실력을 키우려면 두 가지 조건 중에 하나를 충족해야 한다. "잘하거나, 재미있거나." 두 가지 조건은 닭과 달걀의 관계처럼 긴밀하게 연결되어 있다. 잘하면 재밌어지고, 재밌으면 잘하게 된다. 성적을 올리는 방법도 같다. 공부를 잘하거나 재미를 느끼면 성적이 오른다.

잘하거나, 재미있거나 두 가지 조건은 서로를 견인하지만 둘 중 먼저 충족해야 하는 순서가 있다. 어떤 분야든 처음부터 잘하는 사람은 없다는 것을 상기하라.

게임은 물론이고, 축구, 농구, 배구, 야구 등 모든 스포츠에서 처음부터 두각을 나타내는 사람은 없다. 여러 번 해보니 적성에 맞는다는 것을 깨달을 뿐이다.

GOAT 축구 선수 리오넬 메시는 어떻게 축구를 좋아하게 되었냐는 질문에 답했다. "저도 잘 모르겠어요. 어렸을 때는 다른 애들처럼 그냥 취미로 시작했어요. 물론 지금은 제 인생이나 다름없죠." 잘하기 위해서는 일단 흥미가 돋아야 한다. 재능이 있는지 없는지 판단할 수 있도록 "여러 번" 해볼 만큼 재미있어야 한다.

'에이, 결국 공부가 재미있어야 성적이 오른다는 말인데 어떻게 공부가 재미있을 수가 있어요? 안 그래도 공부하기 싫은데 흥미를 느껴야 한다니 비현실적이에요. 죽었다 깨어나도 공부는 재밌게 할 수 없어요.'라고 항변하는 목소리가 들리는 것 같다.

솔직해지자. 공부는 재미없다. 공부를 좋아하는 사람이 얼마나 되겠는가. 좋은 대학에 들어가야 하니까, 부모님의 기대에 부응해야 하니까 어쩔 수 없이 공부하는 것일 테다. 공부가 싫다고 안 할 수도 없는 노릇, 이왕이면 이렇게 생각해보자. 공부의 재미보다는 성장의 재미를 느껴보자고. 모르는 것을 알게 되는 기쁨, 등수가 오르는 즐거움, 하면 할 수 있다는 자부심처럼 성장의 재미를 만끽하는 것이다.

게임과 현실의 차이를 이해하라

몬스터를 해치우면 경험치를 얻는다. 경험치가 쌓이면 레벨이 오른다. 레벨이 오르면 새로운 스킬을 쓸 수 있다. 일련의 과정을 통해 할 수 있는 게 점점 늘어난다. 게임의 즐거움이다. 게임 캐릭터가 성장하는 것처럼 성장에 초점을 맞추자. 내 안에 뭔가가 차곡차곡 쌓일 때, 어려웠던 문제가 점점 쉬워질 때 공부가 재미있어진다. 많이도 아니다. 조금만 재미있으면 된다. 재미를 느끼면 잘하게 된다. 잘하게 되면 더 재미있어진다. 재미와 실력이 서로를 견인한다. 에스컬레이터에 한번 올라타는 게 힘들지, 일단 올라타면 가만히 있어도 계속 올라간다.

게임과 공부의 차이는 보상이 빨리 주어지지 않는다는 점이다. 몬스터를 한 마리 해치우면 곧바로 10의 경험치가 오르는 게임과 달리 현실 세계에서는 1시간 동안 공부했다고 해서 바로 등수가 오르지 않는다. 시험을 쳐야 객관적인 위치를 파악할 수 있는데 그때까지 시간이 걸린다. 그래서 공부의 재미를 느끼기 위해서는 참을 줄 알아야 한다. 그 기간이 일주일이 될 지 한 달이 될지는 모른다. 하지만 한 가지는 확실하다. 버티고 견뎌 성장의 재미를 느끼는 순간 성적이 폭발적으로 오른다는 것. 고통은 쓰지만 열매는 달다. 견딜 줄 아는 사람이 성장이라 는 열매를 맛 볼 수 있다. 우리도 GOAT가 될 수 있다.

3) 좋아하는 반찬부터 집중 공격

주말이 왔다. 자유시간이다. PC를 켜고 게임을 실행한다. 얼마 전에 친구에게 초보라고 무시당했다. '조금만 연습하면 가지고 놀 텐데. 어떤 챔피언부터 연습할까' 170명이 넘는 챔피언을 다 잘할 수는 없는 노릇. 한두 가지 챔피언을 집중적으로 파고들어야 한다. 한 판, 두 판, 같은 챔피언을 플레이하는 게임이 늘어난다. 스킬 활용법이 점점 손에 익는다. 이제 감이 온다. 다른 챔피언도 같은 방식으로 연습한다. '다음에 딱 걸려봐라' 친구와 다시 붙을 날이 기다려진다.

상승 곡선은 기하급수적이다

전교 1등은 모든 과목에서 좋은 성적을 거둔다. 국영수는 물론이고 사회, 과학, 역사까지. 마치 프로게이머가 여러 챔피언을 잘하는 것과 비슷하다. 그런데 프로게이머는 처음부터 모든 챔피언을 잘했을까. 아니다. 그들의 시작은 다른 유저와 똑같았다. 손에 맞는 챔피언부터 시작해서 한두 챔피언을 파고들고 사용할 수 있는 챔피언의 폭을 차차 넓혔다. 그렇게 시간이 지나고 그들은 만능이 되었다.

첫 술에 배부를 수 없다. 공부를 시작하자마자 전 과목에서 성과를 낼 수는 없다. 게임을 연습할 때 어떻게 했는가. 스타일에 맞는 챔피언을 정해서 파고들었다. 한 챔피언을 숙달하면 다른 챔피언도 해본다. 첫 번째 챔피언을 플레이하면서 게임의 흐름을 알게 되고 두 번째 챔피언의 숙달 시간은 줄어든다. 세 번째, 네 번째, 숙달하는 데 걸리는 시간이 점점 줄어든다. 처음에는 익히는 데 오래 걸리지만 지금까지 투자한 시간이 성장 속도를 점차 빠르게 만든다.

결국 어떻게 시작하느냐가 관건이다. 누구나 공부해야 한다는 것은 안다. 좋은 성적을 받고 좋은 대학을 나오면 좋은 직업을 구하고 좋은 인생을 누리는 것을 안다. 그런데 알면서도 하지 못한다. 지루하니까, 하기 싫으니까, 재미없으니까 시작하지 못한다. 시작하지 않으니까 바뀌는 게 없다. 이제 다르게 해보자. 손에 맞는 챔피언부터 연습했던 것처럼 자신 있는 과목부터 파고들자.

공부는 게임이다. '나도 할 수 있어, 하면 되는구나.'라는 느낌을 받으면 다른 과목에도 자신감이 생긴다. 첫 번째 챔피언을 숙달하는 게 어렵지 두세 번째 챔피언은 금세 익숙해진다. 공부에 탄력이 붙는다. 작은 성공 경험이 다음의 큰 성공으로 이어진다.

고정관념 버리기

어떤 학생은 말한다. "공부는 딱 질색이다. 좋아하는 과목? 하나도 없다. 어떤 과목이든 수업만 시작하면 잠이 온다. 나는 공부에 소질이 없다." 과연 그럴까. 소질이 있는지 없는지는 전력을 다해 몰두해본 사람만이 알 수 있다. 다른 것은 전부 후순위로 미루고 1달 동안 공부에만 전념해보라. 감히 장담한다. 공부에 소질이 있든 없든 반드시 성적이 오를 것이다.

한 번만 성과를 내면 된다. 잘하게 되면 재미있어지고 재미있어지면 더 잘하게 되고 싶어진다고 강조했다. 한 과목만 집중적으로 공부해보라. 시험기간이라면 다른 과목 말고 오로지 한 과목만, 그나마 관심 있는 과목만 들입다 파는 것이다. 그리고 다른 과목의 성적과 공부한 과목의 성적을 비교해보라. 하면 된다는 사실을 느끼게 될 것이다.

극단적인 상황을 가정했지만 핵심은 간단하다. **성취의 재미를 느껴야 한다는 거다. 성취는 자신감으로, 자신감은 실천으로, 실천은 다시 성취를 불러온다.** 지금까지 공부하지 않은 이유는 성취하지 못했기 때문이다. 공부하건 공부하지 않건 어차피 제자리일 거라는 선입견을 걷어내라. 초등학생, 중학생 때 뿌리내린 고정관념을 지금이라도 깨트려라.

4) 즐거운 웅성거림

고등학교 3학년 첫 모의고사. 400점 만점에 220점을 받았다. 우리 반 40명 중에서 30등이었다. 2학년 가을에 프로게이머로 데뷔해서 한동안 게임에 몰입하긴 했지만 이만큼 성적이 떨어진 건 처음이었다. 그럼에도 공부해야겠다는 생각은 들지 않았다. 게임 대신 공부를 해야 하는 상황이 야속했을 뿐이었다. 또래 프로게이머들이 승승장구하는 게 부러웠다. 어차피 고등학교를 졸업하면 다시 프로게이머로 활동할 건데 공부가 무슨 의미가 있나 싶었다.

보고 또 보고 풀고 또 풀고

어쨌든 고3만큼은 공부에 전념하기로 부모님, 선생님과 약속했고 공부를 시작했다. 뒤처진 진도, 부족한 학습량, 이미 늦었다는 생각 때문에 집중하기 어려웠다. 지름길은 없었다. 같은 내용을 반복해서 읽고 이해되지 않는 곳은 외웠다. 오답노트를 만들고 친구에게 재차 물어봤다. 쉽지 않았다. 모르는 내용만 나오니 금방 지루해졌고 계속 게임 생각이 났다. 하루 종일 멍하게 보낸 날도 있었다. 그래도 포기하지 않았다. 본 것을 또 보고 풀었던 문제를 또 풀었다. 그러자 점점 아는 게 많아졌다. 공부한 곳에서 문제가 출제되거나 선생님의 말씀이 이해될 때 희열을 느꼈다. 출제자의 의도를 알게 되고, 선생님의 말씀에 고개를 끄덕일 수 있게 되는 게 즐거웠다. 머릿속에 쌓이는 지식만큼 풀 수 있는 문제가 늘어났고 자그마한 성취가 어느 순간 계속 공부하게 만드는 원동력이 되었다.

신기했다. 공부하는 만큼 성적이 올랐다. 30등에서 25등, 20등, 15등, 10등까지 수능이 다가올수록 성적이 올랐다. 수능을 앞두고는 왜 진작 공부하지 않았을까 하는 배부른 푸념을 했다. 고등학교 3학년, 모두가 공부에 열중했지만 남들보다 풍성한 결실을 얻었다. 그때 깨달았다. 행동하면 결과가 바뀐다는 것을.

성적이 오르면서 나를 보는 시선이 달라졌다. "게임만 하고 공부는 담 쌓은 줄 알았는데 열심히 하네. 조금만 더 힘내라." 선생님의 격려를 받았다. "이 문제는 어떻게 푸는 거야?" 모르는 것을 내게 물어보는 친구가 늘었다. 항상 친구들에게 물어보기만 했는데 반대로 질문을 받으니 기분이 묘했다. 공부는 게임이었다. 시간을 들여서 노력하면 실력을 쌓을 수 있는 게임. 자신감이 생겼고 자존감이 올라갔다.

"우리가 형편이 넉넉하지 못해. 사립대학교는 힘들어, 국립대학교에 들어가면 좋겠다." 부모님은 이따금씩 말씀하셨다. 타지에서 숙식하며 학교에 다니기에는 집안 사정이 여의치 않았다. 어떻게든 부산 소재의 국립대학교에 입학하는 게 목표였고 국립대에 들어가려면 괜찮은 성적을 받아야 했다. 고3 첫 모의고사를 쳤을 때는 국립대는커녕 사립대도 만만치 않겠다고 생각했다. 하지만 공부에 전념하면 전념할수록 성적이 올랐다. 나중에는 감히 쳐다볼 수 없었던 학교에 다니는 상상을 했다. 제대로 공부를 시작하고 수능을 보는 날까지 성적이 올랐다. 수능 성적을 기준으로 반에서 6등을 했다. 부산 소재 학교 중에서 가장 경쟁률이 높은 부산대에 입학했다.

사소한 변화에도 한껏 감동하라

30등에서 6등으로, 열등생에서 우등생으로 탈바꿈한 까닭은 무엇일까. 그때는 몰랐지만 돌이켜보면 작은 성공에 기뻐하고 작은 변화에 의미를 부여했던 게 적중했던 것 같다. 모르는 것을 알게 되는 게 기뻤고 등수가 오르면서 더 열심히 해야겠다고 스스로를 독려했다. 잘하고 있다며 선생님이 어깨를 두드려줄 때 뿌듯했고 친구들이 모르는 것을 물어볼 때 설렜다. 실력이 늘고, 자신감이 붙고, 성장의 즐거움을 만끽하는 것은 게임뿐만 아니라 공부에서도 느낄 수 있는 것이었다. **성장하는 데 게임보다 조금 오래 걸릴 뿐, 날마다 꾸준히 공부하면 지금보다 반드시 나아진다는 것을 느꼈다.**

S=CaR이다. S가 커지면 CaR이 같이 커진다. 반대로 CaR이 커지도 S가 커진다. 성취가 성공을 부른다. 작은 성취에도 미친 듯이 감동하라. 나아짐에 경이로움을 느껴라. 사소한 실천이 변화를 부르듯이 사소한 성취가 성공을 일깨운다. 하루하루 매순간 감동하고 감동하라. 그토록 원했던 꿈이 찬란한 빛을 내며 눈앞에 다가올 것이다.

5) 슬럼프 격퇴

　프로게이머 4년차, 극심한 슬럼프를 겪었다. 윈도우98에서 윈도우XP로 운영체제의 규정이 바뀌었다. 다른 선수들은 금방 윈도우XP에 적응했지만 나는 좀처럼 따라가지 못했다. 운영체제가 바뀌면서 마우스의 감도가 미세하게 바뀌었기 때문이다. 이전에는 마우스를 10만큼 움직이면 커서가 10만큼 이동했는데 이상하게 9.5나 10.5만큼 이동했다. 원하는 곳을 클릭하기 위해 두세 번 마우스를 움직여야 했다.

　섬세한 컨트롤이 승패를 결정짓는 경기에서 원하는 대로 마우스를 움직이지 못하는 것은 엄청난 타격이었다. 나도 내가 이렇게 예민한 줄 몰랐다. 며칠 연습하면 익숙해질 줄 알았는데 아무리 연습해도 손에 익지 않았다. 연습 경기의 승률이 점점 나빠졌고 이는 실전의 패배로 이어졌다. 패배를 거듭하니 나를 향한 악플이 늘어났고 악플을 보면서 자신감을 잃었다. 자신감이 떨어지니 연습하기 싫어졌고 무기력하게 보내는 시간이 늘었다. 연습량이 줄어드니 손이 굳고 실력이 떨어졌다.

경기에서 계속 패배했다. 악순환이 반복됐다.

'모든 선수가 똑같이 운영체제를 바꾸었는데 왜 나만 적응하지 못할까. 예전처럼 자신감을 찾을 수는 없을까. 이쯤에서 게임을 접어야 할까.' 부정적인 생각이 꼬리에 꼬리를 물었다. 답답했다. 마우스와 패드를 재차 교체하고 마우스 아래에 여러 가지 보조 스티커를 붙여봤다. 동료와 자리를 바꿔보기도 하고 마우스 전선이 움직이지 않게 기구로 고정하기도 했다. 하지만 어떤 방법으로도 소용없었다. 설상가상으로 손목에 이상이 생겼다. 눈앞이 깜깜했다.

슬럼프를 겪는 이유

대상이 무엇이든 깊이 파고들다 보면 슬럼프를 접하게 된다. 공부도 마찬가지다. 책을 펼쳐도 내용이 눈에 들어오지 않는 시기가 있고 열심히 공부했는데 오히려 성적이 떨어지기도 한다. "운이 없을 뿐이야. 열심히 하고 있으니까 곧 성적이 오를 거야."라는 친구의 위로에 괜히 자존심이 상한다. '어디 한번 두고 보자.' 이를 갈고 공부하지만 다음 시험에서도 비슷한 성적을 거둔다. 친구가 내 눈치를 보며 더 이상 위로를 건네지 않는다. 슬럼프가 길어지니 흥미가 떨어진다. 어딘가 훌쩍 떠나고 싶어진다.

누구에게나 슬럼프가 온다. 슬럼프를 겪게 되는 까닭은 이상과 현실의 괴리 때문이다. '이만큼 공부했으면 90점은 받겠지.'라고 생각했는데 70점을 받으면 괴롭다. 하지만 반대로 50점을 받을 거라 예상했는데 70점을 받으면 기쁘다. 사람마다 만족과 불만족을 구분하는 기준이 다르다. 저마다 기준이 다르기에 1등이든 꼴찌든 슬럼프를 경험한다. 전교 1등이 시험 점수를 보고 한숨 쉬는 걸 보면 볼썽사납다. 하지만 전교 1등에게는 아쉬운 성적이다. 사람은 객관적인 사실을 보고 주관적인 판단을 한다. 누구에게는 좋은 일이 누구에게는 나쁘다.

슬럼프를 극복한 건 1년 뒤, 군대에서였다. 공군 게임단에 입대해서 홍보 병사로 복무했다. '군대에서 게임을 할 수 있다니' 놀라운 경험이었다. PC를 지급받고 게임을 실행한 날, 내 손은 투명한 스펀지처럼 윈도우XP를 받아들였다. 그렇게 나를 괴롭힌 마우스의 감도도 어색하지 않았다. 원하는 대로 커서가 따라오니 손목도 아프지 않았고 게임에 열중할 수 있었다. 군인 신분으로 최초로 프로 경기의 예선전을 통과했다.

슬럼프를 극복하는 방법

슬럼프를 극복하는 방법은 두 가지다. 평소보다 더 몰입하거나 한동안 거리를 두는 것이다. 나는 본의 아니게 두 번째 방법으로 슬럼프를 극복했다. 지금 생각해보면 슬럼프를 당연하게 받아들이지 못한 게 아쉽다. 스스로에게 집중하지 못했고 바꿀 수 없는 외부의 환경 변화를 탓했다. 윈도우 운영체제의 변화는 뒤집을 수 없는 시대의 흐름이었다. 그럼에도 이전 운영체제를 그리워하며 전성기 시절과 슬럼프에 빠진 모습을 끊임없이 비교했다. 슬럼프를 극복하려면 과거가 아닌 현재에 집중해야 한다는 것을 너무 늦게 깨달았다.

만약 지금 슬럼프를 겪고 있다면, 그리고 언젠가 슬럼프를 겪게 된다면 성장통이라고 생각하자. 자라면서 크고 작은 신체의 변화를 겪는 것처럼 누구나 살면서 크고 작은 슬럼프의 터널을 지난다. 터널이 길이는 알 수 없다. 끝이 보이지 않을 때도 많다. 하지만 변하지 않는 사실이 있다. 길고 긴 터널에도 끝은 있다는 것. 터널이 어두우면 어두울수록 터널 끝에 비치는 빛이 더 밝다는 것. 언젠가 슬럼프는 끝난다. 슬럼프 끝에 오는 눈부신 성장을 맞이하라.

6) 시간의 밀도

군복을 입은 노인이 벤치에 앉아 있다. 그는 1975년에 산다. 가운을 입은 미래학자가 서재에 앉아 있다. 그는 2050년에 산다. 사람은 저마다 다른 시간에서 산다. 어떤 사람은 과거에, 어떤 사람은 미래에 산다. 횡단보도를 건너는 사람들은 같은 공간에서 다른 시간을 걷는다. 지나간 기억을 회상하며 과거의 시간을 걷는 사람, 앞으로의 일을 계획하며 미래의 시간을 걷는 사람. 스마트폰을 만지작거리며 현재의 시간을 걷는 사람.

인간이 지닌 특별하고 배타적인 능력, 과거와 미래를 상상할 수 있는 능력 덕분에 우리는 원하는 시간을 걷는다. 과거의 추억을 돌이킬 수도, 미래의 모습을 떠올릴 수도 있다.

미래의 시간

과거, 현재, 미래, 셋 중에 가장 중요한 시간은 무엇일까. 과거는 이미 지나갔으니까 아닌 것 같고 지금 이 순간에 충실해야 하니까 현재 아닐까. 물론 현재는 중요하다. 모든 것은 항상 지금 이 순간에 이루어지니까. 그렇지만 현재보다 더 중요한 것은 미래의 시간이다. **엄밀히 말하면 현재와 연결된 미래의 시간이다.** 미래를 얼마나 생생하게 떠올릴 수 있느냐가 성공과 실패, 인생의 향방을 좌우한다. 미래가 선명할수록 현재의 시간을 명징하게 이용하게 되기 때문이다.

어제보다 나은 내일을 보내고 싶다면, 답답한 현실을 타파하고 싶다면 미래와 연결해야 한다. 미래에 접속하는 빈도에 따라 미래가 뒤바뀐다고 해도 과언이 아니다. 우리는 미래를 대비한다. 직장에 다니는 이유는 먹고 살기 위해서고 운동하는 이유는 건강하기 위해서다. 공부하는 이유는 직장을 구하기 위해서고 병원에 가는 이유는 아프지 않기 위해서다.

밥을 먹고, 샤워를 하고, 알람을 맞추고, 잠을 자고, 이부자리를 정리하고, 학교에 가는 일상의 모든 몸짓은 미래를 대비하는 행동이다. 워낙 익숙해서 의식하지 못하지만 우리는 미래에 편안하고, 미래에 기죽지 않고, 미래에 자립하기 위해 현재의 시간을 소비한다. 그런데 우리는 미래를 대비해야 하는 것을 알면서도 미래를 고려하지 않는 행동을 한다.

"시간만 때우면 돼. 적당히 시키는 일만 해야지, 지금 건강하니까 운동할 필요 없어, 공부하기 귀찮아. 게임이나 해야지, 달고 짠 음식이 역시 최고야"

미래를 염두에 두지 않고, 당장 편하고 즐거워지는 방법을 기가 막히게 찾는다. 현재를 즐기라는 모토에 감화되어 이 정도는 괜찮다고 합리화한다. 긴밀했던 현재와 미래의 시간은 물과 기름처럼 분리된다.

성공한 기업의 특징

행동이 생각을 바꾸고 생각은 행동을 지배한다. 생각이 미래를 향하지 않으면 행동도 미래를 향하지 않는다. 현재 중심, 쾌락 중심 가치관으로 사고하게 된다.

마음속에 성공한 사람을 떠올려보라. 연예인, 스포츠 스타도 좋고 친구 또는 주변에서 잘나가는 사람을 떠올려도 좋다. 그들은 어떤 하루를 보내고 있을까. 몇 시에 일어나고 일어나서 가장 먼저 하는 행동은 무엇일까. 일터로 이동하는 시간에는 뭘 하고, 직장에서는 어떻게 일하며, 퇴근하면서 무엇을 고민하고, 집에서는 어떻게 생활하는지, 차분히 그 사람의 행동을 그려보라. 그들의 행동은 과거, 현재, 미래의 시간 중에 주로 어디에 놓여있을까. 그들의 눈은 어디를 향하고 있을까.

성공한 기업을 떠올려보자. 기업은 좋은 제품을 만들기 위해 신제품을 들여다본다. 맛있는 음식을 내놓기 위해 더 맛있는 음식을 먹는다. 앞선 기술을 분석해서 미래에 팔릴 기술을 개발하는 것이다. 1년, 2년은 물론이고 10년, 20년 뒤를 내다본다. 마치 사활이라도 걸린 것처럼 미래를 예측하는 데 혈안이 되어 있다. 얼마나 투명하게 미래를 바라보느냐에 따라 기업의 존폐가 결정되기 때문이다.

성공한 개인과 성공한 기업의 공통점은 미래 중심으로 행동한다는 것이다. 현실에 만족하는 사람과 미래를 꿈꾸는 사람, 현재에 안주하는 기업과 미래를 준비하는 기업. 어떤 개인과 기업이 더 가치 있고 경쟁력이 있을까. 어떤 사람에게 비즈니스를 맡기고 어떤 기업의 주식을 매입할 것인가.

미래를 생각하는 사람은 앞으로 나아가고 미래를 생각하지 못하는 사람은 제자리에 머문다. 점점 나아지는 사람, 예전보다 품위 있고 지혜로운 사람이 되려면 미래가 분명한 삶을 살아야 한다. 과거가 아니라 미래와 연결하라. 지금보다 나아지려면 지속적으로 미래를 떠올려야 한다.

이미 이룬 것처럼 행동하라

자기계발서를 읽으면 이런 문장을 심심치 않게 보게 된다. "성공한 사람처럼 행동하라, 이미 가진 것처럼 느껴라" 성공하지 않아도 성공한 척, 없어도 있는 척하면 실제로 그 일이 벌어질 가능성이 높아진다고. 가만히 생각해보면 참 우스운 말이다. 실제로 바뀐 건 아무것도 없는데 생각을 바꿨다고 성공이 따라온다는 말이, 고무적인 미래를 상상하면 고무적인 미래가 현실이 된다는 말이.

하지만 이것은 진실이다. 왜냐하면 **생각이 행동을 바꾸고 행동이 결과를 바꾼다. 성공할 사람처럼 생각하면 성공할 사람처럼 행동하게 된다.** 그로 인해 받아들일 결과, 즉 미래가 바뀌는 것이다. 소망을 실현하고 싶다면 생각과 행동을 미래 중심으로 바꿔라. 바라는 모습을 현실로 끌어와서 그렇게 될 수 있다고 확신하며 행동하라.

현실은 고되다. 해야 할 공부를 하는 데만 해도 시간은 항상 모자란다. 열심히 했는데 주어지는 보상도 별로 없다. 현실이 벅찬 사람에게 미래를 그리라고 채근하는 건 어불성설일지도 모른다. 하지만 미래를 그리지 않고 행동하면 상황은 바뀌지 않는다. 잘해야 본전이고 못하면 점점 뒤처지게 된다. 더듬더듬 미래를 그려야 서서히 나아질 수 있다.

부담 가질 필요는 없다. 그저 뭔가 해야 할 것 같은데 뭘 해야 할지 모를 때, 자투리 시간처럼 짧게 뭐라도 할 수 있을 때 가끔씩 미래를 떠올리자. 하루에 10분, 아니 5분이라도 좋다. 작은 시간이 모이고 쌓이면서 미래가 바뀌니까. 학창시절을 넘어 앞으로의 인생 동안 하루에 5분씩 미래에 투자하면 수백 시간 넘게 미래를 그릴 수 있다. 어리석음은 지혜로움으로 채워지고 허약함은 건강함으로 바뀐다. 투박한 언행이 한결 부드러워지고 작은 돈 뭉치가 넓은 포대로 바뀐다. 메마른 감정이 사랑으로 부풀고 혼자가 아니라 더불어 사는 기쁨을 느끼게 된다.

미래를 바꾸는 행동

평소에 제대로 행동하고 있는지 아닌지 틈틈이 점검하자. 방법은 단순하다. 지금의 행동이 미래에 도움이 되는 일인지 아닌지 따져보는 것이다. 지혜로워지는 데 보탬이 되는지, 건강해지는 데 도움이 되는지, 더 나은 사회를 만드는 데 기여하는지, 꿈을 이루는 데 바탕이 되는 일인지 곰곰이 짚어보라.

생각보다 많은 행동이 미래와 연결되어 있지 않은 걸 깨닫게 될 것이다. 늦잠을 자고, 가십거리를 훑어보고, SNS를 들락거리고, 게임을 하고, 수다를 떨고, 소파에서 늘어지는 시간들. 우리가 해야 할 일은 의미 없는 현재의 시간을 미래의 시간으로 전환하는 것뿐이다.

현재와 미래를 긴밀하게 연결하는 시간을 늘려라. 현재와 미래를 연결한다는 것의 의미는 미래에 도움이 되는 일을 하되 그 일 자체를 즐기는 것이다. 미래와 연결되는 시간을 즐기면서 매진하면 반드시 미래가 바뀐다.

우리의 모습은 과거에 얼마나 많은 미래의 시간을 보냈는가가 누적된 결과다. 우등생이 된 이유는 울면서 책을 보고 악을 쓰며 단어를 외우고 열심히 공부한 결과다. 이제 진지하게 고민할 때다. 1975년이 아니라 2050년을 내다보고 과거가 아니라 미래를 바라보자. 그럼 모든 면에서 반드시 나아질 것이다.

7) 인생을 바꾼 고3 공부

　고등학교를 졸업하고 20년이 지났다. 고등학교를 졸업할 때까지 살아온 날보다 더 많은 날을 살았다. 마흔을 넘어 지난 40년을 돌아본다. 돌이켜보면 변곡점이 되는 순간들이 있었다. 게임 대회에서 입상하여 감독님의 눈에 띈 순간, 10만 관중 앞에서 치러진 경기에서 승리한 순간, 대학 도서관에서 책에 빠진 순간, 처음 책을 쓰기 시작한 순간, 유튜브 채널을 개설하고 영상을 찍은 순간처럼 지금의 나를 만든 순간들이 있었다. 귀중한 순간, 그리고 귀중한 순간을 만들기 위해 보낸 하루하루가 모여 지금까지 왔다.

인생의 특이점

　무엇보다 잊히지 않는 순간은 고등학교 3학년 봄이다. 전국대회 본선에 진출하지 못하면 공부에 전념하기로 부모님과 약속한 순간. 나는 예선 1차전에서 보기 좋게 탈락했고 약속을 지킬 수밖에 없었다. 그때는 답답했지만 그 순간이 전화위복이 되어 미래를 바꾸었다. 만약 고3 때 공부하지 않았다면 지금 다니는 회사에 입사할 수 있었을까, 좋은 친구들과 동료를 만날 수 있었을까. 이렇게 책을 쓸 수 있었을까 싶다. 물론 고3 때 공부하지 않았다면 지금 다른 일을 하고 있을 것이다. 다른 세계관에서 다른 친구와 동료를 만나고 하는 일에 매진했을 것이다. 하지만 지금처럼 윤택한 삶을 보내고 있진 않을 거라고 생각한다.

"지금 공부하면 배우자의 외모가 바뀐다."는 교훈을 들어봤는가. 나비의 날갯짓이 지구 반대편에 태풍을 불러일으키는 것처럼 우리의 삶도 아주 작은 행동으로 인해 바뀌기 시작한다. 5분 일찍 일어나고, 5분 더 책을 읽는 것은 아무것도 아닌 일처럼 보이지만 1년이 년이 지나 아침형 인간, 책 읽는 사람이 되는 기점일지도 모른다. 지금 공부하는 부분이 수능 시험에 그대로 출제될지도 모르고 지금 외운 영어 문장이 외국인과 대화하면서 떠오를지도 모른다. **내일 지구가 멸망하더라도 사과 나무를 심겠다는 명언처럼, 우리가 할 수 있는 일은 꾸준히 내면을 가꾸고 주어지는 하루하루를 감사히 여기는 것이다.**

나비효과는 부정적으로도 해석할 수 있다. 만약 지금 공부하지 않고 게임만 하면 몇 년 뒤에는 어떻게 될까. 원하는 것을 하지 못하는 삶을 살지 않을까. 만약 5분 더 늦잠을 자고 5분도 책을 읽지 않으면 1년 뒤에 어떻게 될까. 늘 지각을 일삼고 교양 없는 사람이 되지 않을까. 지금 무엇을 하느냐에 따라 미래가 바뀐다. 하루하루 흘러가는 시간에 경각심을 가져야 한다.

충만한 하루

인생은 길고 삶은 연속적이다. 오늘 하루 놀았다고 성적이 떨어지거나 삶이 피폐해지진 않는다. 하지만 텅 빈 하루가 일주일, 한 달, 일 년 넘게 이어지면 반드시 앞날에 영향을 끼친다. '오늘 최선을 다했다, 오늘 하루가 만족스럽다' 긍정적인 감정으로 충만한 하루를 보내기 위해 노력해야 한다. 고등학교 3년의 수험 기간을 넘어 20대, 30대, 40대 너머까지 인생을 내다보고 묵묵히 사과나무를 심어야 한다. 원하는 것을 쟁취하는 방법 중에서 이보다 나은 방법을 나는 알지 못한다.

노력을 기울여도 사과나무가 잘 자라지 않을 수 있다. 비바람을 맞으면서 가지가 흔들리고 부러지기도 한다. 하지만 시간이 지나면 새하얀 꽃이 피고 연둣빛 열매가 맺힌다. 결국 사과는 탐스러운 선홍빛으로 변한다. 하루의 조각이 모여 인생의 퍼즐이 맞춰진다. 사과나무를 가꾸는 데 중요하지 않은 순간이 없는 것처럼 중요하지 않은 하루는 없다. 여러분은 정원사다. 사과나무를 심고 부지런히 가꿀 책임이 있다. 지금 하는 행동이 사과나무를 키우는 데 도움이 될 것인지 생각하라.

5장

Change, CaR을 타고 미래로 향하라

1) 베스트셀러를 쓰는 법

장강명 작가는 『책 한번 써봅시다』에서 말했다. "한국의 독서 생태계 현실은 서글프고 기이하다. 일단 유명해지면 대충 써도 책이 팔린다. 안 유명하면 안 팔린다. 이름이 알려진 작가는 설령 원고가 시시하더라도 다음 책을 낼 기회를 비교적 손쉽게 얻는다. 무지막지한 부익부 빈익빈 시장이다."

인기 작가, 연예인, 정치인, 스포츠 스타가 책을 쓰면 곧잘 베스트셀러가 되는 이유는 무엇일까. 왜 유명한 사람들이 쓴 책에 손이 가는 걸까. 그건 그들의 철학과 삶의 태도가 궁금하기 때문이다. 한 분야의 정점에 오른 사람은 어떤 생각을 하고 어떤 말을 하는지 알고 싶은 것이다. 베스트셀러를 출간하고 싶으면 먼저 베스트셀러에 어울리는 삶을 살아야 한다.

1등의 하루

학생이라면 누구나 공부를 잘하고 싶다는 욕망을 품는다. 어차피 해야 할 일, 이왕이면 못하는 것보다 잘하는 게 낫다. 공부를 잘하고 싶은 마음의 크기는 저마다 다르겠지만 한번쯤은 1등이 된 모습을 상상해봤을 것이다. 1이라는 숫자가 적혀있는 성적표를 부모님에게 당당히 보여드리는 모습, 친구들이 나를 부러운 눈으로 바라보는 모습을 생각하면 입가에 웃음이 번진다.

1등이 되고 싶은 욕망을 실현시키기 위해서는 꼴찌의 삶이 아니라 1등의 삶을 살아야 한다. 베스트셀러를 쓰기 위해서 베스트셀러 작가처럼 살아야 하듯이 공부를 잘하기 위해서는 우등생처럼 하루를 보내야 한다. 반에서 1등 하는 친구의 하루를 물끄러미 살펴보라. 어떤 자세로 수업을 듣고 있는지, 쉬는 시간에는 무엇을 하는지, 노트에는 무엇을 쓰고 있는지 관찰해보자. 관찰을 끝냈다면 그의 하루와 나의 하루를 비교해보자. 나는 공부를 잘하고 싶다는 욕망에 어울리는 하루를 보내고 있는지, 아니면 그저 그런 하루를 보내고 있는지 진지하게 돌아보자.

공부를 잘하고 싶은가. 잘하고 싶다면 얼마나 잘하고 싶은가. 전교 1등의 삶을 흉내 낼 수 있겠는가. 1등에 어울리는 하루하루를 보낼 각오가 되어 있는가. 공부를 잘하고 싶지만 공부를 잘할 수 없는 행동으로 하루를 채우고 있지는 않은가. 스스로 되묻는 수많은 질문들. 질문의 답은 수능 성적표가 대신해줄 것이다.

2) 작가가 되는 유일한 방법

스물다섯, 프로게이머를 그만두고 늦깎이 대학생이 되었다. 게임을 그만둘 때 생각했다. '언젠가 선수 시절 경험을 살려 책을 써야겠다.' 캠퍼스를 거닐면서, 도서관에서 책을 읽으면서, 소파에 누워 텔레비전을 보면서 이따금씩 책을 쓰고 싶다고 생각했다. 하지만 손가락을 움직이지 않았다. 작가가 되고 싶다는 생각만 할 뿐 생각을 행동으로 옮기지 않았다. 짙은 안개 속에 있는 것처럼 희미하고 뿌연 꿈이었다.

미래를 바꾼 잠깐의 시간

막연한 꿈을 행동으로 옮기기까지 8년이 걸렸다. 그사이 대학을 졸업하고, 취업을 하고, 결혼을 했다. 책을 쓰게 된 것은 잠깐의 다른 행동 덕분이다. 어느 날 새벽 5시, '그래. 한 번 책을 써보자.'고 다짐하고 의자에 앉아서 아무 글이나 썼다. 평소에 글을 쓴 적도 없고 글쓰기를 배우지도 않았다. 쓰고 싶은 대로 막 썼다. 하루, 이틀, 한 달쯤 지나자 분량이 꽤 쌓였다. 쌓인 글을 재배치하고 구조화하면 한 권의 책이 될 것 같았다. 눈앞의 안개가 서서히 걷히고 목적지가 선명하게 보이기 시작했다. 한두 달 뒤에 원고를 완성했다. 출판사에 투고하고, 계약하고, 출판 과정을 거쳐 두 손으로 책을 쥐었다. 세 달 전만 해도 막연하게 책을 쓰겠다고 생각했는데 세 달 만에 책이 나왔다. 세 달 사이에 나는 작가가 되었고, 무엇이든지 꾸준히 실천하면 이루어진다는 것을 다시 깨달았다.

작가가 되는 법은 하나다. 백지를 바라보며 키보드를 두드리는 것. 글을 쓰지 않고 작가가 되는 방법은 없다. **작가가 되려면 글을 써야 한다.** 내용과 형식을 떠나 뭐라도 써야 책을 낼 수 있다. "작가가 되려면 글을 써야 한다." 단순한 말이지만 지금도 누군가는 어떻게 작가가 될 수 있는지 알아본다. 10만자가 넘는 글을 쓰는 게 힘드니까 손쉬운 방법이 있지 않을까 여기저기 기웃거린다. 작가가 되는 법을 찾아보는 건 칭찬할 일이지만 그보다 더 중요한 것은 의자에 앉아 글을 쓰는 것이다.

고등학교 공부는 책 쓰기와 닮았다. "공부 잘하는 방법, 100점 받는 암기법, 수능 공부 이것만 하면 된다."같은 영상은 유튜브에 널렸다. 공부 잘하는 방법을 찾기 위해 굳이 대치동 학원에 갈 필요도 없다. 검색창에 "공부"라고 입력하면 기라성 같은 강사와 동기부여가가 공부하는 법을 알려준다. 방법을 모르는 게 아니다. 방법을 알아도 하지 않는 게 문제다.

가장 빠른 길

공부하는 법을 알아도 실천하지 않으면 아무것도 바뀌지 않는다. 가장 중요한 것은 의자에 앉아서 책을 펼치고 공부하는 것이다. 글을 쓰지 않고 작가가 될 수 없는 것처럼 공부하지 않고는 좋은 성적을 거둘 수 없다. 머리로는 알고 있지만 실천하지 못하는 까닭은 그 과정이 지루하고 힘들기 때문이다. 두려움과 막막함에 지름길만 자꾸 탐색한다. 하지만 언제나 정공법이 가장 빠르다. 목적지에 빨리 도착하려면 직선으로 걸어야 한다. 우회로를 거치고 샛길로 빠질수록 걸리는 시간은 점점 늘어난다.

베스트셀러를 쓰려면 베스트셀러 작가처럼 살아야 한다고 말했다. 수능에서 결실을 거두려면 그에 어울리게 행동해야 한다. 의자와 친해져라. 의자에 앉아있는 시간이 늘어날수록 원하는 결실을 얻을 확률이 높아진다. 쉬운 것은 없다. 힘든 게 당연하다. 의자에 오랫동안 앉아 있는 게 얼마나 힘든 일인지는 앉아본 사람만이 안다. 그렇지만 이 길은 하나밖에 없는 외길이다. 다른 길이 없다는 진리를 알게 되면 지금 걷고 있는 길이 조금은 편하게 느껴질 것이다. 고개를 돌리지 마라. 정면을 바라보고 직선으로 쭉 나아가라.

3) 내 캐릭터가 망가질까 두렵다면

중학교 2학년, 나는 자칭 분위기 메이커였다. 반마다 그런 친구가 있다. 선생님이 실수하면 짓궂게 놀리고 엉뚱한 질문으로 웃음을 유발하는 친구. 나는 그런 학생이었다. 한 마디 할 때마다 친구들이 웃으니까 좋았다.

분위기 메이커로 자리를 잡았으니 콘셉트를 지켜야 한다는 강박에 빠졌나 보다. 특별히 할 말이 없는데도 쓸데없이 농담을 던졌다. 돌이켜보면 스스로가 만든 틀에 나를 가둔 것이었다. 하고 싶지 않은데도 왠지 그래야 할 것 같아서 억지로 개구쟁이 가면을 썼다.

자기중심주의

열일곱, 고등학교 첫 학기에 시험을 보면 서로의 수준을 알게 된다. 희한하게도 성적이 비슷한 친구끼리 어울린다. 은연중에 성적에 따라 편한 친구가 생기는 것이다. 나보다 좋은 성적을 받은 친구는 왠지 모르게 편하게 대하기 어렵다. 성적이 전부가 아니지만 그걸 깨닫기에 고등학생은 아직 어리다. 고등학교에서는 여전히 학업 성적으로 줄을 세우니까. 어느 대학에 들어가느냐가 지상 최대 과제이기에 어쩔 수 없는 부분도 있다. 성적에 영향을 받지 않으려면 자존감이 높아야 하는데, 좋은 성적이 자존감으로 연결되는 상황에서 성적이 나쁜 데도 자존감을 갖는다는 건 굉장히 힘든 일이다.

공부해야 하는 이유를 찾고 제대로 공부하기 시작하면 친구들이 놀릴 것이다. "갑자기 왜 공부하는 척 해?, 폼 잡지 말고 매점이나 가자."

"그렇지? 내가 공부하니까 이상하지? 그냥 한번 공부하는 척 해봤어. 얼른 매점에 가자."라고 대답하면 기껏 공부하려고 다짐했던 마음의 성이 와르르 무너진다. 원래 공부하지 않는 캐릭터니까 공부하면 안 된다는 족쇄에 스스로를 옭아매는 것이다. 할 말이 없는데도 수업 중에 쓸데없는 말을 하는 것과 같다.

심리학자 폴커 키츠, 마누엘 투쉬는 『마음의 법칙』에서 주장한다. 수많은 사람이 모인 생일 파티에서 병과 잔을 와장창 깨트리며 넘어져도 사람들은 잠깐 신경 쓸 뿐 금방 잊어버린다고. "우리는 자신이 하는 모든 일을 특히 강하게 인지한다. 그런 탓에 다른 사람들 역시 우리를 주의 깊게 관찰하고 있다고 생각한다. 그러나 사실은 다르다. 단 1초 동안 다른 사람의 입장이 되어보라. 그러면 나에게 별 관심이 없다는 것을 알 수 있다. 물론 다른 사람도 우리와 마찬가지로 주의 깊게 관찰하기는 한다. 그러나 그 대상은 상대가 아니라 바로 자기 자신이다. 다른 사람 역시 자기중심주의와 씨름하기 때문이다."

행동이 인식을 바꾼다

타인은 내가 생각하는 것처럼 나를 신경 쓰지 않는다. 친구들이 어제 무슨 옷을 입고 왔는지, 어떤 말을 했는지 기억나는가. 친구의 옷소매에 김칫국물이 묻어있다는 것을 눈치 챘는가. 아닐 것이다. 내 옷에 묻은 얼룩, 눌러 붙은 머리카락, 선생님의 질문에 엉뚱한 대답을 했다는 사실은 나만 기억한다. 다른 사람은 나만큼 나에게 관심을 기울이지 않는다. 부끄러운 일을 겪었다고 이불을 찰 필요는 없다.

나라는 사람의 인식이 바뀌는 데는 일주일이 걸리지 않는다.

친구가 웬 공부 코스프레 하냐며 매점이나 가자고 제안하면 당당하게 말해라. "오늘은 해야 할 게 있어서 책 좀 읽으려고, 다음에 같이 가자." 그렇게 두세 번 의지를 피력하면 친구는 다른 친구와 매점에 간다. 그 친구는 생각할 것이다. '쟤가 원래 저렇게 공부하는 애였나' 그러다 일주일이 지나면 '쟤는 점심을 먹고 남는 시간에 공부하는 녀석.'이라는 틀이 생긴다. 일주일만 투자하라. 공부하지 않는 친구에서 공부하는 친구로 인식을 바꿀 수 있다.

요점은 간단하다. **어떤 행동을 하는 데 다른 사람의 시선을 신경 쓸 필요가 없다는 것이다.** 너는 너, 나는 나다. 친한 친구, 학습 분위기에 휩쓸릴 수밖에 없는 학창시절이지만 언제나 행동의 주체는 나다. 성적이 좋은 친구는 점심시간에도 공부해야 하고 성적이 나쁜 친구는 점심시간에 놀아야 한다고 정해져있는 게 아니다. 공부하겠다고 결심을 굳혔다면 열등생이라는 주변의 시선을 의식하지 말고 책을 펼쳐라. 내가 변하면 나를 바라보는 사람들의 시선도 변한다.

4) 삶의 등급

A는 축산물 품질평가사다. 그는 30년 동안 한우의 등급을 매겼다. 깜깜한 퇴근길, A는 걸음을 멈추고 잠시 생각한다. '한우는 충분히 알았어, 이제 다른 분야도 한번 공부해볼까' 5초 뒤 그는 고개를 가로젓는다. '에이, 이제 와서 무슨.' 그리고 다시 걸음을 재촉한다. 30년간 등급을 매긴 A는 자신을 몇 등급으로 평가할까.

등급을 나누는 사회

우리는 품질평가사가 아니지만 등급을 나누는 데 일가견이 있다. '저 배우가 화장품 광고를 찍었네, 그럴 급이 되나? 쟤가 개랑 결혼한다는데 급이 너무 안 맞지 않아? 역시 A급 선수는 기량이 좋아' 일상생활에서 수시로 등급을 매긴다.

사람을 평가하는 데 등급만큼 편한 게 없다. 그래서 대부분의 평가 시스템은 등급 제도를 사용한다. 수능 성적은 1등급부터 9등급까지 분류되고 결혼정보회사는 남녀를 1등급부터 15등급까지 세분화한다. 기업은 S부터 D까지 직원의 고과를 평가하고, 각종 스포츠 협회는 랭킹 순위를 발표한다. 등급 세상에 사는 우리는 평가의 달인이다. 척 보면 척, 상대가 어느 정도 급인지 꽤나 재빠르고 정확하게 판단한다.

등급 매기기를 부정적인 관점에서 서술했지만 다른 사람을 평가하고 등급을 매기는 것은 지극히 자연스러운 행동이다. 상대가 어떤 부류의 사람인지 명확하게 판단하지 못하면 곤경에 처할 수도 있기 때문이다. 결혼 상대의 됨됨이를 판단하는 이유는 남은 인생에 지대한 영향을 미치기 때문이고 직원의 성과를 평가하는 이유는 기업의 생존에 이롭기 때문이다.

등급은 소통의 도구가 되고 판단의 기준이 되기도 한다. 현재의 위치를 파악하고 구체적인 목표를 설정하는 데도 도움을 준다. 사회의 효율적인 작동과 개인의 발전을 위해서 등급 매기기는 필수불가결하다.

그래서 우리는 나름의 기준을 갖고 대상의 등급을 책정한다. "저 사람은 성실함은 A급인데 창의력은 B급이야. 이 가게는 친절함은 B급인데 맛은 A급이야." 각자의 취향, 경험, 노하우, 가치관을 토대로 세부적인 등급을 매기고 종합 등급을 확정짓는다. 이렇게 정한 등급은 다시 가치 판단의 기준이 되어 다른 대상의 등급을 매기는 데 영향을 끼친다.

내 가슴에 찍힌 등급

건강한 경쟁이 권장되는 사회에서 등급 매기기는 자연스러운 현상이며 비난받을 일도 아니다. 인간에겐 생각할 자유가 있고 대상을 평가할 자유도 있다. 다른 사람에게 피해를 주지 않는 선에서 등급을 매기는 건 아무런 문제가 되지 않는다. 하지만 등급 매기기에 익숙해진 나머지 우리는 가끔 결정적인 실수를 저지른다. 한우의 등급을 매기는 것처럼 스스로의 마음에 등급을 매기는 것이다. 이를테면 이런 식이다.

'어차피 해도 안 될 건데, 이미 늦었어. 이건 나랑 진짜 안 맞아. 이제 와서 사람이 바뀌겠어?' 뭔가를 배우는 데 스스로 매긴 등급이 발목을 붙잡는다. 마음에 찍힌 5등급 도장을 물끄러미 바라보며 5등급처럼 행동하는 것이다.

마음가짐에는 정해진 등급이 없다. 어떤 마음을 먹느냐에 따라 1등급이 될 수도 있고, 10등급이 될 수도 있다. 타인에게 등급을 매기듯이 스스로의 등급을 매기는 데 익숙해지면 이윽고 내가 매긴 등급에 막혀서 앞으로 나아가지 못한다. 성장하고 싶은데 내가 쌓은 장벽이 성장을 못하게 가로막는 안타까운 현실이 벌어진다.

지금보다 나은 행동을 하기 위해선 지금보다 나은 생각을 해야 한다. 지금보다 나은 생각을 하려면 생각을 가로막는 장애물, 등급 도장을 지워야 한다. 결국 뭔가를 이뤄내려면 도장부터 깨끗하게 닦아내야 한다.

"그래도 객관적인 현실을 무시할 순 없잖아. 나도 잘하고 싶다고. 근데 해도 안 될 게 뻔히 보이는데 무작정 실천할 순 없잖아. 시간만 낭비할지도 모른다고"라고 생각할 수도 있다. 물론 나를 가장 잘 아는 건 나다. 객관적으로 봤을 때 해도 소용없는 일이라고 치부할 수도 있고 피치 못할 사정이 있을 수도 있다.

그런데 말이다. 우리는 우리의 잠재력을 너무 과소평가한다.

해보지 않고서는 알 수 없다. 그리고 최선을 다해서, 진짜 전력을 다해 시도했는데 예상처럼 잘 되지 않는다? 그럼 애초에 시도하면 안 되는 것일까.

행동이 등급을 바꾼다

나는 유튜브를 운영할 수 있을 거라고 생각하지 않았다. 명사들이 유튜브를 시작하라고 추천했지만 무리라고 생각했다. '과연 할 수 있을까? 장비는? 편집은? 작업 시간은?' 생각만 하다가 흘려보낸 시간이 3년이 넘었다. 가을바람 불듯이 휙 하고 스쳐지나가는 생각, 그 생각을 행동으로 연결하지 못했다. 그러면서 또 못내 아쉬워하고 시간이 지나면 다시 생각하고 잊어먹길 반복했다. 왜 그랬을까. 할 수 없다는 도장을 가슴팍에 계속 찍었기 때문이다. 실천해보자는 불씨를 지폈다가도 가슴에 찍힌 도장을 보면 금세 불씨가 가라앉았던 것이다. '어차피 해도 안 돼, 나는 5등급이니까.'

10분이면 개설할 수 있는 유튜브 채널을 오픈하기까지 끊임없이 5등급 생각과 행동을 했다. 결국 3년 넘게 아무것도 실천하지 않았다. 그런데 희한한 것이, 막상 채널을 개설하니까 뭐라도 하게 되었다. 대본도 썸네일도 엉망이지만 어쨌든 뭔가 실행하게 되었다. 만약 도전했는데 결과가 나쁘다, 그럼 실패일까? 단언컨대 아니다. 뭔가를 시도하고 준비하는 데 들인 시간과 노력, 시행착오를 거치면서 얻은 경험과 노하우는 내 몸 어딘가에 차곡차곡 쌓인다. 세상을 바라보는 시각이 업그레이드되고 다른 일을 할 때도 긍정적인 영향을 준다.

원하는 대로 이루지 못하는 건 실패가 아니다. 머뭇거리고, 주저하는 게 실패다. 가만히 있으면 돈의 가치가 점점 떨어지듯이 가만히 있으면 내 가치도 점차 떨어진다. 재테크를 통해 돈을 굴려야 하는 것처럼 우리도 스스로를 부지런히 굴려야 앞으로 나아갈 수 있다.

마음속에 찍혀 있는 등급, 지우려고 해도 지워지지 않는 도장을 지우려면 부담을 땅바닥까지 내려놓아야 한다. 1등을 해야 한다는 부담, 좋은 대학에 들어가야 한다는 부담, 웃음거리가 될지 모른다는 부담을 내려놓고 하루에 10분만 실천하라. '언젠가 시작해야지', 그 언젠가는 결코 오지 않는다. **마음에 찍힌 도장은 생각만으로 지워지지 않는다. 작은 실천, 행동이 뒷받침돼야 도장이 조금씩 옅어진다.**

등급을 바꾸는 유일한 방법

마음속에 둘러친 벽을 깨고 행동하기 시작하면 다른 사람이 나를 바라보는 등급, 즉 외부의 시선이 달라지기 시작한다.

'쟤가 언제 저렇게 공부를 잘했지?, 놀기만 하는 줄 알았는데 남몰래 공부했었나 보네.' 급이 다른 퍼포먼스를 보여주니 당연히 등급이 올라간다. 지금 이 순간부터 "나는 안 돼"라는 뿌리 깊은 고정관념을 지우자. 나아질 수 없다고 믿는 사람은 나아질 수 없으며 나아질 수 있다고 믿는 사람만이 나아질 자격을 갖춘다. 생각이 바뀌면 행동이 바뀌고 바뀐 행동이 누적되면서 등급이 올라가는 것이다.

등급이 바뀌면 얻을 수 있는 기회가 확장된다. 1급수에는 1급수에 어울리는 물고기가 살듯이 등급이 올라가면 그에 맞는 기회가 따라온다. 큰 프로젝트를 이끌 기회가, 강연의 기회가, 책 쓰기의 기회가, 고수익의 사업 기회가 알아서 찾아온다. 양질의 기회를 선택적으로 제공받고 기회를 성장의 발판으로 삼으면서 내 가치는 더욱 치솟는다. 건설적으로 사고하는 사람들과의 교류가 늘어난다. 주변에 긍정적인 영향을 미치는 사람이 된다.

모든 것의 시작은 보잘 것 없어 보이지만 기적 같은 행동. 마음에 찍힌 등급을 지우기 위해 어설프더라도 몸을 움직이는 것. 그게 전부다. 마음속에 자리 잡은 등급을 지우고 무의식중에 상대의 등급을 매기는 습관도 지우자. 신인 배우가 주연으로 출연하면 '저럴 급이 되나?'라고 생각하지 말고 '피나게 노력했겠구나.'라고 생각하라. 그 배우의 모습이 훗날 내 모습이니까.

우리의 등급은 고정되어 있지 않다. 등급은 생각과 행동에 따라 시시각각 변한다. 5등급처럼 생각하고 행동하면 5등급이고 1등급처럼 생각하고 행동하면 1등급이다. 생각과 행동이 가치를 결정짓는다. 가만히 도장이 찍히길 기다리지 말고 자리를 박차고 일어나서 시작하라. 그게 무엇이든 말이다. 머뭇거리느냐, 다리를 뻗느냐, 차이를 만드는 건 이거 하나뿐이다.

5) 당신만 모르는 당신의 가격

　노신사가 서울에서 부산까지 물건을 전해달라고 부탁한다. 수고비는 천 원이라면서. 웬 미친 사람인가 싶어 무시했더니 백만 원을 주겠다고 제안한다. 농담이 아니라 실제 상황이라고 가정하자. 어떻게 할 것인가. 백만 원이니 수락하겠다고? 왜 마음을 바꿨는가. 돈을 많이 주니까? 그건 표면적인 이유일 뿐 진짜 이유는 아니다.

갓성비

　주변에서 벌어지는 일상의 단편을 잠시 들여다보자. 맛집 앞에 줄을 서고, 친구와 만나고 헤어지고, 대학에 들어가기 위해 공부하고, 알람을 끄고 일어나서 학교에 간다. 일어나서 잠들 때까지, 하루의 행동의 근원을 쫓아가면 어떤 키워드와 마주친다. 바로 가성비다. 우리는 가성비가 높은 것을 좋아한다. 맛있는 음식을 먹기 위해 줄을 서고 좋은 대학에 들어가기 위해 공부하는 이유 모두 가성비가 높기 때문이다.

이야기의 시작으로 돌아오자. 서울에서 부산까지 물건을 전해주면 백만 원을 준다는 노신사의 제안을 받아들이려고 하는데 갑자기 다른 노신사가 다가와서 말한다. 집 근처 편의점에 물건을 맡겨주면 90만 원을 준다고. 어떻게 할 것인가. 백만 원을 받고 서울과 부산을 오갈 것인가. 아니면 집에 가는 길에 편의점에 들러 물건을 맡기고 90만 원을 받을 것인가. 당연히 후자를 선택할 것이다. 첫 번째 노신사의 제안보다 10만 원 적게 받는데 왜 두 번째 노신사의 제안을 택했는가. 서울과 부산을 왕복하는 데 걸리는 시간, 쌓이는 피로, 그 시간에 할 수 있는 일의 가치가 10만 원이 넘는다고 판단한 것이다. 우리는 순식간에 기회비용을 고려해서 의사를 결정한다. 10만 원 적게 받더라도 집 근처 편의점에 들르는 게 가성비가 좋다는 걸 직감적으로 안다.

우리는 항상 수고 대비 얻는 이득, 인풋과 아웃풋을 고려한다. 여러 가지 변수가 조합되는 복잡한 상황에서도 사고의 과정은 똑같다. 인풋 대비 아웃풋, 즉 가성비다. 예를 들어 직장을 선택할 땐 연봉, 위치, 복지, 근무 분위기, 퇴근 시간, 근속 기간, 인지도를 종합적으로 고려한다. 그렇게 기업 A, B, C를 놓고 가성비가 높은 곳을 최종 선택한다. 점심 메뉴를 고를 땐 가격, 맛, 반찬 가짓수, 인테리어, 대기 시간, 어제 먹은 메뉴까지 생각한다.

당첨확률이 낮은 로또를 사는 이유는 투입한 자원 대비 이득이 무한대에 가깝기 때문이고, 값비싼 명품 가방을 구입하는 이유도 그 가방이 가격 이상의 가치를 제공하기 때문이다.

가성비를 따지는 뇌

뇌는 똑똑하다. 뇌는 가성비를 기가 막히게 계산한다. 우리는 모두 천재다. 부산에 가야 할지 편의점에 가야 할지 순식간에 판단하듯이 여러 가지 변수가 들어간 고차원 방정식을 재빨리 풀어낸다. 뇌는 가성비를 극한으로 키운 기관이다. 최소의 인풋으로 최대의 아웃풋을 뽑아내려고 한다. 심지어 최소한의 정보만으로 모든 것을 알았다고 생각하게 만든다. 이를테면 우리는 산을 잘 알고 있다고 생각한다. 한라산, 설악산, 지리산도 안다. 하지만 산에 대해 아는 것을 말해보라고 하면 쉽게 말을 하기 어렵다. 산에 대해서 알고 있다고 생각했는데 막상 산에 대해 이야기하지는 못하는 것이다. 산은 왜 생겨났으며, 어떤 풀과 나무가 있고, 특징이 뭔지 세세하게 말하기 어렵다. 그럼에도 산을 잘 알고 있다고 생각한다. 가봤으니까, 봤으니까 아는 거다. 최소한의 정보만 알아도 모두 알고 있다는 착각을 부르는 것. 이것이 뇌의 능력이다.

이러한 뇌의 특징은 가성비를 따지는 것과 연결된다. 최소한의 정보로 모든 것을 알아내려는 것처럼 최소한의 자원을 써서 최대의 결과를 얻어내려 한다. 전철을 탈지, 자전거를 탈지, 청바지를 입을지 치마를 입을지, 자장면을 먹을지 떡볶이를 먹을지, 카페에 갈지 공원에 갈지 의사 결정하는 과정에서 뇌는 재빠르게 가성비를 점검한다.

가성비를 따지면서 살아가는 게 이상한 일은 아니다. 오히려 권장해야 할 일이다. 가성비를 생각한다는 것은 효율적으로 살고 있다는 뜻이니까. 싼값에 양질의 물건을 사고, 짧은 시간에 돈을 많이 벌면 좋다. 가성비는 효율적으로 살기 위해 꼭 따져야 하는 요소다. 가성비를 따지지 않다가는 손해만 본다.

하지만 주의해야 할 점이 있다. 가성비에 치우쳐서 판단하다 보면 자칫 미래의 더 큰 이득보다 현재의 작은 이득을 택하게 될 확률이 높아진다는 것이다. 금세 원하는 결과가 이루어지지 않았다며 포기하고 조금 해보고 아니다 싶으면 내팽개치게 된다. 가성비가 나빠 보이니까.

진짜 가성비

나라는 사람의 가치, 즉 내 가성비를 높이려면 어떻게 해야 할까. 같은 시간 동안 돈을 많이 벌거나 적은 시간을 들여 같은 돈을 벌려면 어떻게 해야 할까. 그렇게 되기 위해선 역설적으로 가성비가 떨어져 보이는 일에 전념해야 한다. 공부하고 운동하고 경험하고 학습하고 이를 반복해야 한다.

뇌는 매순간마다 가성비를 계산한다. '공부하는 것보다 게임하는 게 이득이야, 운동하러 가는 것보다 카페에서 쉬는 게 좋잖아. 마감 기한까지 시간이 많이 남았어. 놀아도 돼' 귀찮은 일을 하면서 스트레스를 받는 것보다 쾌락을 추구하는 게 가성비가 좋다고 여긴다. 보장할 수 없는 미래의 이득을 얻기 위해 현재를 희생하는 건 가성비 나쁜 선택이라고 판단한다. 그래서 내 가치를 키우는 일을 지속적으로 실천하기가 어렵다.

시간이 지나고 나면 깨닫는다. 가성비가 낮다고 여긴 행동이 실제로는 가성비가 높은 일이었다는 것을. **우리의 인생은 가성비가 낮아 보인 일에 얼마나 진지하게 임했느냐에 의해 결정된다.** 공부하고 운동하고 경험하고 학습하고 이를 반복한 결과다. 내 가치를 키워준 건 당장의 가성비가 아니라 미래를 고려한 가성비였다.

뇌는 눈에 보이지 않는 미래의 이득보다 지금의 가치를 더 크게 계산한다. 뇌의 꼬드김에 넘어가면 오늘도 허탕이다. 바뀌는 게 없다고 푸념하면서도 바뀌는 행동을 하지 못한다. 앞으로 가성비를 계산할 땐 미래에 영향을 미칠 요소를 10배 이상 산정하라. 지금 게으름부리면 놓치게 될 미래의 혜택을 과장해야 한다.

내 가치는 나만이 만들 수 있다. 지금이 아니면 할 수 없는 일, 지금 시작하면 가장 효율적인 일이 가치를 키운다. 당장의 가성비를 따지지 말고 인생 전체의 가성비를 들여다보라.

노신사가 다시 묻는다. 서울에서 부산까지 물건을 가져다줄 수 있겠느냐고. 그리고 덧붙인다. 얼마를 주면 그 일을 맡아주겠느냐고. 얼마라고 얘기할 것인가. 내 가치는 얼마인가. 얼마짜리 사람이 되고 싶은가.

6) 부러우면 이기는 거다

지구촌에는 대단한 사람이 참 많다. TV를 켜면 금방 성공한 사람을 볼 수 있다. MC, 배우, 가수, 코미디언, 운동선수처럼 각자 분야에서 입지를 다진 이들의 활약을 보면서 우리는 영감을 얻고 에너지를 충전한다.

대단한 사람이 TV 속에만 있는 건 아니다. 주변을 둘러보라. 유창하게 영어를 하는 사람, 몸매가 좋은 사람, 센스 있게 배려하는 사람. 정리정돈을 잘하는 사람. 사람에겐 저마다 특징이 있고 누구나 장점을 갖고 있다. 세 사람이 길을 걸으면 그중에 스승이 있다는 공자의 말처럼 우리가 만나는 모든 사람에겐 배울 점이 있다.

스펀지 같은 사람

만약 다른 사람의 장점만 골라서 흡수할 수 있다면 어떻게 될까. 영어를 잘하는 사람에겐 회화를, 공부를 잘하는 사람에겐 공부법을, 말을 잘하는 사람에겐 화술을 배운다면. 타인의 장점만 갖춘 사람, 분명 지금보다 더 나은 사람이 될 것이다.

어린 시절 우리의 두 눈은 호기심으로 가득했다. 당연한 것을 당연히 여기지 않고 하나라도 더 배우기 위해 노력했다. 그런데 언젠가부터 동력을 잃어버린 기차처럼 선로 위에 멈추었다. 앞으로 내달린 게 언제인지 기억나지 않을 만큼 가만히 있는 게 일상이 되었다. 어느덧 현실에 안주하는, 뒷걸음질하지 않으면 다행인 사람이 되어버렸다. 이렇게 된 이유는 무엇일까. 제대로 부러워하는 법을 잊어서다.

어제보다 나은 오늘, 오늘과 다른 내일을 보내고 싶다면 지금부터라도 부러워해야 한다. 부러워할 줄 아느냐 모르느냐가 미래를 좌우한다. 예를 들어 드라마 출연료로 몇 억을 받는 배우의 기사를 보면 대개 이렇게 생각한다. "저 나이에 저렇게 돈을 많이 벌다니. 좋겠다." 그리고는 금방 다른 기사를 클릭한다. 저 배우는 어차피 나와 다른 세상에 사는 사람이니까. 그저 잠시 부러워할 뿐. 개의치 않는다.

그런데 연예인의 근황을 볼 때만 그렇게 생각할까. 아니다.

친척, 친구, 동료가 승승장구하는 모습을 봐도 똑같이 생각한다. '열심히 공부하더니 좋은 대학에 갔네. 열심히 일하더니 좋은 평가를 받았네. 좋겠다.' 잠깐 부러워하고 만다.

부러움을 행동의 동기로

"다른 사람의 좋은 일을 보고 나도 그런 일을 이루고 싶은 마음" 이것이 부러움의 정의다. 다른 사람이 이룬 것을 나도 이루고 싶은 마음이 부러움이다. **그들의 모습이 정말 부럽다면 그렇게 되고 싶은 마음을 움켜쥐고 행동해야 한다.** 그게 제대로 부러워하는 것이다.

사촌이 어떻게 성적을 올렸는지, 친구가 어떻게 성과를 냈는지, 그 사람 주변엔 왜 사람이 모이는지 이유를 분석하고 흉내 내라. 바로 실천할 수 있는 행동부터 따라하면서 그들의 장점을 흡수하는 것이다. 어떤 사람의 장점을 포착했다면 '저 사람은 굉장한 사람이구나.'라고 끝내지 말고 '어떻게 하면 저 사람처럼 될 수 있을까.' 생각한 뒤 생각을 행동으로 연결하라.

제대로 부러워하려면 먼저 잊어야 할 감정이 있다. 시기와 질투다. 우리는 잘난 사람을 보면 본능적으로 시기하고 질투한다. '쟤는 부모를 잘 만나서 그래. 저 친구는 해외 생활을 했으니까. 걔는 분명히 편법을 썼을 거야.' 이런 생각이 든다면 이제 고개를 저어라. 스스로를 위해서. 시기하고 질투하면 상대를 정확하게 바라볼 수 없다. 그들을 부러워하지 못하고 내가 그렇게 될 수 없었던 핑계만 찾게 된다. 당장은 정신 승리할 수 있을지 모르지만 시간이 지나고 손해 보는 건 나다. **정말로 나아지고 싶다면 시기와 질투를 억누르고 부러움만 느껴야 한다.**

부러움은 행동의 시발점이자 멈춰 있는 기차를 움직이게 만드는 동력이다. '나도 저 사람처럼 되고 싶어. 저 사람처럼 되려면 어떻게 해야 할까.' 이런 생각을 불러일으키는 마법 같은 감정이 부러움이다. 성격이 좋은 친구, 성과를 내는 친구, 귀감이 되는 친구의 모습이 내심 부러웠다면 이번에는 '좋겠다.'라는 말로 끝내지 말고 진심으로 부러워하라. 그리고 어떻게 하면 그들을 닮을 수 있을지 고민하고 무엇부터 해야 할지 궁리하라. 그렇게 누군가를 닮기 위한 시간을 보내면 보낼수록, 이윽고 그들 못지않은 사람이 될 것이다.

7) 시간 도둑

도둑이다. 눈 깜짝할 사이에 소중한 물건을 도둑맞았다. 그런데 무엇을 잃어버렸는지 모르겠다. 분명히 10분 전에도, 심지어 방금 전에도 도둑맞았는데 뭘 잃어버렸는지 기억나지 않는다. 왜 그런 걸까. 눈에 보이지 않는 물건을 도둑맞았기 때문이다. 그리고 놀라운 사실 하나, 도둑의 정체는 바로 나였다. 우리는 날마다 복면을 두른다. 매일 값비싼 물건을 훔쳐 허공에 내팽개친다. 게다가 하루도 거르지 않고 도둑질을 반복한다. 정도의 차이가 있을 뿐 누구나 이것을 훔치고 있다.

시간을 지키는 법

나도 모르는 사이에 날마다 훔치는 물건. 어쩌면 소중하다는 걸 알면서도 버리는 물건. 그것은 바로 시간이다. 우리는 시간 도둑이다. 하루에 얼마나 많은 시간을 훔치고 있는지 들여다보면 깜짝 놀랄 것이다. 메시지가 오지 않았는데 카카오톡을 실행하고, 정처 없이 인스타그램을 배회하고, 이 영상 저 영상 잠깐씩 시청한다. 흐리멍덩하게 인터넷 강의를 듣고 맹한 표정으로 책을 읽고 대화하는 도중에 딴생각을 한다.

시간은 수시로 100°C가 되어 증발한다. 이걸 하는 것도 아니고 저걸 하는 것도 아니다. 어영부영하는 순간마다 시간이 증발한다. 뭔가를 할 땐 제대로 집중하고 쉴 땐 푹 쉬어야 하는 걸 알면서도 그러지 못한다. 애매모호한 시간이 1초씩 쌓이고 그때마다 시간은 계속 증발한다.

뭔가를 할 때 대상에 온전히 집중하는 것만큼 중요한 것은 없다. 춤, 공부, 운동, 연애 뭐든지 집중해서 몰두해야 성과를 거둘 수 있다. 원하는 만큼 성과를 거두지 못하는 이유는 뭘 해야 하는지 알면서도 집중하지 못하기 때문이다. 머리와 몸이 따로 놀고 생각과 행동이 일치하지 않을 때 시간은 증발한다. 우리는 그렇게 귀중한 시간을 매일 버린다. **시간을 도둑맞지 않는 유일한 방법은 생각대로 행동하는 것이다.** 잡념을 떨쳐내고 해야 할 일을 제대로 해야 한다.

생각대로 행동하기는 어렵다. 아는 것과 행하는 것은 다른 영역이다. 살 빼라고 말하긴 쉬워도 살을 빼긴 어렵다. 운동하겠다고 결심하긴 쉬워도 러닝머신 위에 올라가긴 어렵다. 방법은 하나다. 시간을 정하자. 10분이면 10분, 30분이면 30분, 시간을 정해놓고 그 시간만큼은 온 힘을 다해 집중하는 것이다. 시간을 도둑맞지 않으려면 정해진 시간이라는 금고에 나를 집어넣고 문을 잠가야 한다. 해야 할 일에 흠뻑 빠져들어 실행할 때 비로소 그 시간이 내 것이 된다. 몸과 마음에 차곡차곡 쌓이는 귀중한 시간이 된다.

TV, PC, 스마트폰, 각종 미디어에 시간을 뺏기기 좋은 시대. 그것에 시간을 내어주는 것은 다름 아닌 우리다. 한 눈 팔지 않는 사람, 이랬다저랬다 하지 않는 사람, 공부할 때 빠짝 공부하고 놀 땐 신나게 노는 사람, 시간에 온전히 몰입하는 사람이 성공한다. 우리가 염두에 둬야 하는 건 하나. 지금 해야 하는 일을 "제대로" 하는 것. 이것뿐이다.

8) 111법칙

누구나 성공하길 바란다. 지식을 쌓고, 명예를 얻고, 존경을 받고, 호감을 사길 바란다. 하지만 성공은 요원하다. 제로섬 게임을 하는 것처럼 성공하는 사람은 극소수다. 성공에 관한 책을 들입다 읽어도, 동기부여 영상을 밥 먹듯이 시청해도 바뀌는 건 별로 없다. 활활 타오르는 열정은 몇 시간만 지나면 차게 식어버리고 성공은 언제나 달나라 이야기다. 그렇게 하루하루 날짜가 더해지지만 오늘의 나는 어제의 컨트롤CV일 뿐이다.

혹자는 이렇게 꾸짖는다. '네가 성과를 내지 못하는 이유는 최선을 다하지 않았기 때문이야' 물론 최선을 다해 노력하면 나아진다. 하지만 최선을 다하기란 말처럼 쉽지 않고 노력하기란 얼음물에 입수하는 것만큼 어렵다.

"노력 부족"

원하는 것을 이루지 못한 이유를 멜 때 이보다 편리한 말이 없다. 뭐든지 열심히 하지 않아서라고 말하면 끝이니까. 하지만 그렇게 말하는 사람도 정작 어떻게 노력해야 하는지 모른다. 그저 앵무새처럼 노력하라고 외칠 뿐이다.

의지의 크기

영어 학원 광고 문구엔 이렇게 적혀 있다. "3개월만 투자하면 원어민과 대화할 수 있습니다." 이 문장 앞에는 생략된 문장이 있다. (하루 종일 미친 듯이 공부하면) 이라는 문장이다. 누군들 모르는가. 열심히 공부하면 실력이 는다는 것을. 하지만 모든 걸 제쳐두고 하루 종일 영어를 공부하기란 무척 어렵다. 1시간, 아니 30분만 공부해도 졸음이 쏟아지는데 어떻게 24시간 동안 공부하겠는가.

그런데 방금 우리는 성공의 핵심을 짚었다. "하루 종일 미친 듯이 공부하면"

성공하기 위해선 필연적으로 대상을 붙잡고 늘어져야 한다. **성공하는 사람은 꾸준히, 그리고 오랫동안 뭔가를 실천한다. 마치 뭔가에 홀린 것처럼 같은 일을 되풀이한다.** 실패하는 사람은 정반대로 행동한다. 대상에 흥미를 느끼지 못할 뿐더러 며칠 하고 집어치우기 일쑤다. 이와 같은 차이를 부르는 요소를 "의지의 크기"라고 정의해보자. 성공의 관건은 뭔가를 진득하게 붙잡을 수 있느냐 없느냐. 즉 의지의 크기를 키울 수 있느냐 없느냐다.

영어뿐만 아니라 수학, 과학, 수영, 논술, 발표 뭐든 상관없다. 관건은 언제나 대상을 향한 의지의 크기를 키울 수 있느냐 없느냐다. 똑같은 시험을 앞두고 어떤 학생은 전철에서 공부하지만 어떤 학생은 독서실에서도 코를 곤다. 어떤 직장인은 퇴근하고 헬스장에 직행하지만 어떤 직장인은 소파에 찰싹 붙어서 떨어지지 않는다. 의지의 크기가 다르기 때문이다.

111법칙

그런데 재밌는 사실이 있다. 원래 의지의 크기는 무척 작다. 인간의 뇌는 현재 상태를 유지하려는 특성이 있고 하지 않아도 될 일은 절대 하지 않으려는 특징이 있기 때문이다.

잘 생각해보자. 우리가 열심히 하는 순간, 즉 의지의 크기가 커지는 순간은 언제일까. 뭔가를 하지 않으면 큰일 날 때 의지의 크기가 커진다. 내일까지 숙제를 제출해야 할 때, 다음 달까지 성적을 올려할 때, 중요한 시합을 앞두고 있을 때처럼 긴급한 상황에선 의지의 크기가 급속도로 팽창한다.

그런데 인생을 통틀어 그렇게 급한 순간은 생각보다 많지 않다. 하면 좋지만 하지 않아도 지장이 없는 것. 하려니 귀찮고 안 하려니 찜찜한. 그런 일이 태반이다. 공부, 운동, 다이어트 같은 자기계발이 다 그렇다. 영어를 잘하면 유리하지만 못한다고 굶어 죽는 건 아니다. 그래서 의지의 크기를 키우기는커녕 좁쌀만 한 크기를 유지하기도 힘들다.

"어, 근데 잘나가는 친구를 보니까 매일 수업에 집중하고 영어 학원 다니던데요. 저 사람은 어떻게 저렇게 열심히 하는 거죠? 혹시 의지의 크기도 타고나는 건가요?"

그렇다. 의지의 크기는 어느 정도 타고난다. 누가 시키지 않아도 책을 펼치고 피곤해도 단어를 외우는 사람이 있다. 하지만 의지의 크기는 고정되어 있지 않다. 급한 일이 생기면 의지의 크기가 팽창하는 것처럼 우리는 의도적으로 의지의 크기를 키울 수 있다. 잠수 훈련을 반복하면 폐활량이 커지는 것처럼 제대로 훈련하면 의지의 크기가 커진다. 앞으로 이것을 기억하라. 하루에 1번, 1분만 투자하는 것이다.

눈높이 낮추기

삶에 도움이 되는 행동을 하지 못하는 이유는 단순하다. 눈이 높아서다. 머릿속으로는 물개처럼 헤엄치고 있는데 현실은 물에 뜨는 것도 힘들다. 그래서 앞으로 해야 할 일이 막막하게 느껴진다. 입구에서 정상을 올려다보면 까마득한 것처럼 애초에 저긴 내가 갈 곳이 아니라며 포기하게 된다. 그런데 만약 우리가 눈높이를 낮춘다면, 해야 할 일을 최대한 쉽게 설정하면 어떻게 될까. 정상까지 걸을 필요 없이 한 걸음만 내딛어도 괜찮다면. 발을 떼는 게 부담스럽지 않을 것이다.

성공에 요행은 없다. 달팽이가 나아가듯이 찔끔찔끔, 하지만 멈추지 않는 게 전부다. 그렇게 매일매일 한 걸음씩 내딛는 것. 이게 최선이자 최고의 방법이다.

아니, 아무리 그래도 하루에 1분씩 투자해서 언제 원하는 수준에 도달하겠냐고? 걱정 마라. 1분은 숫자일 뿐이다. 1분을 실천하면 1분 넘게 실천하게 된다. 1분이 넘는 시간은 보너스라고 생각하자. 보너스가 쌓이면 쌓일수록 성장의 속도는 빨라진다. 컨디션이 좋은 날에는 10분, 20분 실천하고 컨디션이 좋지 않을 때는 1분만 채우고 그만둬라. 보너스를 못 받는 날이 있어도 상관없다. 어쨌든 하루에 1번 1분을 채우고 보는 것. 이게 핵심이다.

111법칙의 장점은 명확하다. 행동의 부담을 줄여 실천력을 키우고 지속적으로 반복하게 만들어준다. 목적도 뚜렷하다. 하루에 1번씩 실천하고 보너스를 적립하면서 의지의 크기를 서서히 키우는 것이다. 그럼 언젠가 누가 시키지 않아도 하루에 몇 시간씩 실행하게 되는 날이 온다. 동경하는 누군가처럼 말이다.

이를테면 이런 식이다. 읽고 싶은 책이 있으면 하루에 한 페이지만 읽는 것이다. 더도 말고 덜도 말고 딱 한 페이지만. 내용이 재밌으면 두세 페이지도 읽고 집중이 되지 않는 날엔 한 페이지만 읽고 덮는 것이다. 하루에 한 페이지만 읽어도 1년이면 책 한두 권을 읽을 수 있다. 그리고 책 읽는 습관을 덤으로 얻을 수 있다. 단 하루 1분만으로.

정상에 오르는 법

우리는 착각한다. 한 걸음에 바닥에서 정상을 찍을 수 있을 거라고, 그리고 며칠 시도해본 뒤 원하는 만큼 도달하지 못했다며 좌절한다. '나는 재능이 부족해. 이건 나와 맞지 않아.' 한숨을 쉬고 시도조차 하지 않는 사람으로 전락한다.

한 걸음에 정상을 밟는 등산가는 없고 한 발자국에 결승점을 통과하는 마라토너는 없다. 우리가 해야 할 일은 목표 지점까지 부지런히 걷고 달리는 것이다. 한 걸음만, 한 발자국만 내딛어도 괜찮다. 정말 괜찮다. 한 걸음은 굉장히 작은 양이지만 가만히 있느냐 움직이느냐를 가르는 결정적인 요소다. **아무것도 하지 않는 사람과 뭔가를 하는 사람의 차이는 출발점과 결승점 사이의 거리보다 훨씬 더 크다.**

움직이고 변화하는 사람만이 의지의 크기를 키우고 제대로 노력하는 법을 익힐 수 있다. 하루에 1시간? 아니, 1분만 실천하라. 그걸로 충분하다는 사실은 금방 깨달을 것이다. 발을 떼고 앞으로 나아가는 순간 눈앞의 풍경이 달라질 테니까.

　누군가는 말한다. 10대의 가능성은 무궁무진하다고. 누군가는 주장한다. 10대는 무엇이든 이룰 수 있다고. 그들의 말은 반은 맞고 반은 틀렸다. 누구에게나 가능성이 열려있는 것은 맞지만 모두에게 열려있는 것은 아니다. 가능성은 지금 행동하는 사람에게만 모습을 비춘다.

　좋은 고등학교에 들어간 친구, 명문대에 입학한 사촌누나, 장학금을 받는다는 엄마 친구 아들. 그들의 소식은 귀를 간지럽히고 마음을 동요시킨다. 그리고 잠시 그들과 나를 견주어보지만 며칠만 지나면 다른 세계에 있는 사람으로 분류한다. 그들이 부럽지만 그들처럼 되기 위해 행동하지는 않는다.

　다시 한 번 S=CaR 공식을 떠올려보자. 열망이 들끓어도 (C=100), 행동하지 않으면 (a=0) 원하는 것을 이룰 수 없다. (S=0) 열망을 현실로 만드는 것은 휘몰아치는 감정이 아니라 냉철한 행동이다. 누군가를 부러워하기만 해서는 아무것도 바뀌지 않는다.

나를 바꾸는 것은 언제나 지금 이 순간의 행동이며 거듭된 실천이다.

책에서 여러 차례 강조한 것은 "작은" 행동과 "작은" 성과다. 누군가가 명문대에 들어갔다는 사실에만 주목하면 "작은" 행동을 경시하게 된다. 나도 얼른 그 누군가처럼 명문대에 들어가고 싶고 성적을 올리고 싶다. 하지만 처음부터 정상을 응시하면 산에 오르지 못한다. 정상에 닿으려면 수많은 "작은" 발걸음이 모여야 한다. 가벼울 때도 있지만 무거울 때도 있는 걸음, 가끔은 헛디디고 미끄러지기도 하는 걸음, 흙을 밟았다가 바위를 밟는 걸음. 셀 수 없이 많은 "작은" 발걸음이 모여야 "큰" 성공이 이루어진다. 우리가 주목해야 하는 것은 정상이 아니라 지금 이 순간의 발끝이다.

그럼에도 행동하기는 어렵다. 머릿속 생각과 몸의 움직임을 일치시키는 것은 성인도 쉽지 않다. S=CaR의 a가 소문자인 것을 기억하라. 작은 행동이면 충분하다. '겨우 이 정도로 괜찮을까' 싶은 미세한 행동, 그 행동이 미래를 바꾼다.

지금 이 순간이 중요한 이유는 좋은 대학, 좋은 직업과도 연결되지만 그 무엇보다 좋은 사람이 되느냐 마느냐에 영향을 미치기 때문이다. 주변을 보듬을 줄 알고, 매사에 최선을 다하고, 진취적으로 행동하는 사람. 실패를 극복할 줄 알고, 힘들어도 견디고, 성과에 겸손한 사람. 좋은 사람이 되려면 보잘것없어 보이는 "작은" 하루하루를 차곡차곡 모아야 한다.

"작은" 것에 모든 신경을 집중하자. 조용한 곳에서 얼마나 숨 막히게 집중하느냐에 따라 앞날이 180도 달라진다. 사소한 실수, 흘려들은 설명, 삐딱한 자세, 헝클어진 머리카락. 작고 작은 일상의 단편이 10대의 무한한 가능성을 확장시키거나 축소시킨다.

이제 꾸준히 발을 뻗고 걸어가라.
넘어져도 일어서고 귀찮아도 몸을 일으켜라.
작은 성공을 넘어 원하는 것을 이룰 그때까지.
내가 걷고 있다는 것을 인지하지도 못할 그 순간까지.